그래서 나는, 행복하게 살기로 했다

- 본문에 인용된 성경 구절은 새번역이며, 다른 역본을 인용한 경우 따로 표기하였습니다.
- 전도서 성경 구절일 경우, 권명을 표기하지 않았음을 밝힙니다.

(주)죠이북스는 그리스도를 대신한 사신으로
문서를 통한 지상 명령 성취와 하나님 나라 확장을 위해 노력합니다.

**그래서 나는, 행복하게 살기로 했다**

# 그래서 나는, 행복하게 살기로 했다

허무한 마음을 허무는 전도서의 지혜

김유복 지음

죠이북스

# 차 례

사람들은 그 어느 때보다 과학과 경제가 발달한 시대를 살아가고 있지만, 그 어느 때보다 불확실하고 불안하다고 느낍니다. 이 글을 쓰는 지금도 많은 사람이 전쟁으로 죽어 가고, 사랑하는 가족을 잃는 슬픔을 겪고 있습니다. 기후 위기는 머지않아 지구에 암울한 미래가 도래할 것을 예고하고 있습니다. 세계 경제는 여러 요인으로 몰락하고 있습니다. 금융 자본주의는 부자를 더욱 부자로 만들어 주지만, 가난한 사람들은 여전히 극심하게 가난합니다. 이 세계는 부조리하고, 공정하지 않습니다. 이러한 세상의 현실 속에서 우리는 과연 행복할 수 있을까요?

전도서가 그리는 '해 아래' 세상에서의 삶은 헛되고, 허무하며, 이해할 수 없는 수수께끼 같습니다. 인생은 잠깐 피어올랐다가 사라져 버리는 물안개처럼 짧고, 해 아래 세상은 공평과 정의가 굽어 있어 사는 것이 고통입니다. 이 세상에서는 선하게 살았다고 합당한 보상이 주어지는 것도 아니고, 악하게 살았다고 심판을 받는 것도 아닙니다. 악한 권력자들은 세상을 더욱 힘들게 만들고 있습니다. 가난하고 학대받는 약자들을 위로할 사람이 없습니다. 하나님을 떠난 '해 아래' 세상은 그야말로 부조리하고, 불의하며, 불공정합니다. 해 아래 세상에서 행복을 찾는 일은 불가능해 보입니다.

이런 세상 속에서 사람들은 자신을 행복하게 해줄 수 있다고 믿는 것들을 애타게 찾아 헤맵니다. 넘치는 부, 막강한 권력, 영원한 명예, 끝없이 이어지는 쾌락, 압도적인 성공과 같은 것들이 그것이지요. 그러나 전도자는 이 모든 시도가 행복을 줄 수 없는 것들로 행복해지려고 하는, 어리석은 선택임을 폭로합니다. 전도자에게 이 모든 일은 헛되고, 헛되며, 헛되고, 헛될 뿐입니다.

과연 우리는 헛되고 허무하며 부조리하고 불의한 세상 속에서 행복할 수 있을까요? 고난과 고생의 시간은 언제 끝이 나며, 찬란한 광채를 발하는 기쁨과 행복의 시간은 언제쯤 도래할까요? 전도자는 인생의 헛됨과 부조리함을 들추어내는 것을 목표로 가르치는 것 같습니다. 해 아래 세상에서는 아무런 희망도 가질 수 없다고 말입니다. 그러나 이것은 전도서를 기록한 목적이 아닙니다. 오히려, 전도자는 해 아래 세상의 헛됨과 부조리라는 거품을 걷어 내어 삶의 행복과 기쁨을 선명하게 드러냅니다. 해 아래 세상이 헛됨을 알게 되면, 우리는 헛되지 않은 것이 무엇인지를 볼 수 있게 됩니다. 부조리하고 불의하며 어리석은 것이 무엇인지를 깨끗이 닦아 내고 나면, 진정한 삶의 의미와 참된 행복이 그 영롱한 빛깔을 드러내고 반짝이기 시작한다는 뜻이지요.

전도자의 마음에는 삶에 대한 순수한 열정이 있습니다. 불의하고 부조리하며, 헛되고 순간적일 뿐인 삶일지라도 우리는 지금 여기에서 행복하고, 기쁨에 겨워하며 살아갈 수 있다는 것입니다. 불행이 끝나야 행복이 시작되는 것이 아닙니다. 고난이 소멸해야 기쁨을 누릴 수 있는 것도 아닙니다. 문제가 해결되어야 비로소 평강을 누리는 것도 아닙니다. 우리는 해 아래 헛된 세상을 살며, 그와 동시에 행복할 수 있다는 것이 전도자의 주장입니다.

전도자는 말합니다. 하나님은 우리에게 행복할 수 있는 대부분의 것을 벌써 주셨다고 말입니다. 완전한 행복은 언젠가 반드시 도래할 '그날' 가운데 감추어져 있기는 합니다. 그러나 그렇다고 해서 우리가 지금 여기에서 행복할 수 없는 것은 아닙니다. 우리는 지금 여기에서 하나님이 주신 일상을 향유하고 기뻐할 수 있습니다. 헛되고 헛된 세상 한가운데서 말이지요.

전도자는 하나님이 우리를 행복하게 하시기 위해 '일상'이라는 선물을 주셨다고 반복적으로 이야기합니다. 전도자가 보기에 이 세상에서 사람이 할 수 있는 가장 나은 선택은 "먹고, 마시고, 즐거워하는 삶"입니다. 하나님은 우리에게 보고, 만지고, 맛보고, 먹고, 향유할 수 있는 세계를 선물하셨습니다. 해서, 전도자는 일상을 즐기라고 말할 뿐만 아니라 나아가 일상을 축제로 만들라고까지 명령

그래서 나는, 행복하게 살기로 했다

합니다. 행복은 저 멀리 더 높은 곳, 영혼의 세계에 있는 것이 아니라 우리 곁에 있는 일상의 세계 속에 있다는 것이죠. 우리를 기쁘게 하는 것이 '먹고 마시고 즐거워하는 것'임을 긍정할 때, 아니 그것을 긍정해야만 우리는 먹고 마시며 즐거워하지 못하는, 가난하고 주린 자들을 향해 무엇을 주어야 하는지를 알 수 있습니다.

전도자는 또한 일 그 자체를 즐기라고 말합니다. 전도자에게 일은 단순히 생존을 위한 수단도, 우리의 전부를 바쳐서 헌신해야 할 하나님과 같은 대상도 아닙니다. 일은 하나님이 주신 선물입니다. 단, 혼자 잘 먹고 잘 살기 위한 것이 아니라 성 안의 가난한 이들과 과부와 고아와 함께 누릴 수 있기 위한 것입니다.

전도자는 배우자와 함께 인생을 즐겁게 살 것을 명령합니다. "너의 헛된 모든 날, 하나님이 세상에서 너에게 주신 덧없는 모든 날에 너는 너의 사랑하는 아내와 더불어 즐거움을 누려라. 그것은 네가 사는 동안에, 세상에서 애쓴 수고로 받는 몫이다"(9:9). 행복은 사랑하는 사람들과 이루는 친밀한 관계를 통해 옵니다. 그러나 우리는 우리를 행복하게 해줄 수 있는 이 일에 우리의 자원을 투자하지 않습니다. 노후는 돈으로 준비하고 있죠. 그러나 돈보다 중요한 것은 친밀한 우정을 나눌 수 있는 좋은 사람과 이루는 풍성한 관계입니다.

해 아래 세상이 허무하게 된 것은 진정한 왕이신 하나님의 통치를 거부한 결과입니다. 전도자는 전도서 전반에 걸쳐 어리석고 교만한 왕의 통치가 얼마나 큰 재앙을 불러오는지를 거듭 말합니다. 전도자는 정치가 우리 삶에 끼치는 영향은 실로 막강하다고 말합니다. 불의하고, 불공정하며, 매정한 해 아래 세상에서는 누구도 행복해지기가 어렵습니다. 하여, 전도자는 하나님의 계명을 지킬 것을 명령합니다. 하나님이 다스리는 하나님 나라의 공동체는 그 자체로 풍요로운 선물이라 할 수 있습니다.

실로 우리는 해 아래 세상에서도, '하나님 안에서' 살아갈 수 있습니다. 그분의 계명을 따라 사랑으로 행복의 길을 걸을 수 있으며, 이미 주어진 선물들을 누리며 살아갈 수 있습니다. 전도자는 해 아래 세상에서 허무한 것으로 판명될 것들을 위해 살지 말라고 말합니다. 오히려 하나님 안에서 하나님이 주신 일상의 삶을 사랑하고, 하나님이 창조하신 피조 세계를 향유하며, 하나님의 계명을 지켜 하나님과 사람들을 사랑하며 살라고 명령합니다. 전도자는 우리가 헛되며, 짧고, 수수께끼 같은 허무한 인생살이 가운데서도, 행복과 기쁨의 길을 걸어 갈 수 있다고 말합니다.

전도서를 이해하고, 책을 쓰기까지 오랜 시간이 걸렸습니다. 저는 대학 시절에 만난 선교 단체(IVF)를 통해 행복한 삶의 기초를 배웠습니다. 혹시 이 글을 읽고 계신 독자가 청소년이나 대학생이라면, 대학에서 꼭 좋은 선교 단체에 들어가서 활동하시길 권하고 싶습니다. 그리고 기쁨의교회 가족 여러분에게 감사드립니다. 여러분이 없었다면, 저는 이 책에서 쓴 이야기들을 확신 있게 말할 수 없었을 겁니다. 여러분이 없었다면 하마터면 지루하게 살 뻔했습니다. 여러분 덕분에 행복했습니다.

제 글을 책으로 다듬어 펴내어 주셔서 작가의 행복을 누리게 해 주시고 부족한 제 책을 알리기 위해 전국을 누비시는 죠이북스와, 액자에 넣어 보관하고 싶은 표지를 디자인해 주신 디자이너님에게도 깊은 감사의 말씀을 드립니다. 글을 쓰고, 만들어진 책을 서점에서 만날 수 있는 행복이라니요! 여러분은 제게 영화제 시상식에 서는 것 같은 행복을 선사하셨습니다.

이렇게 쓰고 보니 정말, 꼭 무슨 영화제 시상식 소감 같군요. 이왕 이렇게 된 거 끝으로 한 마디만 더하겠습니다. 내게 행복을 주는 사람 아내 김남형, 그리고 우리에게 찾아와 행복의 원천이 되어 준 현지, 현은, 명은아 고마워! 너희는 존재 자체로 우리의 기쁨이란다.

전도자는 우리에게 질문하고 도전합니다. "사람들아! 해 아래 세상의 헛됨을 보았는가? 자네는 해 아래 헛되고 지루한 삶과 해 위에 계신 분이 주신 의미롭고 즐거운 삶 사이에서 무엇을 선택하려 하는가?" 수수께끼 같은 허무한 세상살이 속에서도 우리는 행복하게 살아가기를 선택할 수 있습니다. 그래서 나는, 행복하게 살기로 했습니다. 여러분도 그러하기를 바랍니다.

## 1장

# 수수께끼 같은 인생

### 허무한 세상에서 행복을 누릴 수 있을까?

전도서 1장 1-11절

전도자는 숨처럼 짧은 인생에서 참으로 중요한 것은 생을 즐기며 사는 것이라고 말합니다. 인생은 짧습니다. 그러므로 인생을 허비하지 말고 지금 여기에서 '주어진' 삶을 사랑하고, 지금 함께하고 있는 사람들과 기쁘게 살며, 맡겨진 일을 즐기라고 말합니다.

전도서는 말합니다. "헛되고, 헛되다. 헛되고, 헛되다. 모든 것이 헛되다." '헛되다'라고 번역된 이 단어는 히브리어 '헤벨'입니다. '헤벨'은 '숨', '바람', '수증기', '안개'를 뜻하는 명사입니다. 이 의미가 확장되어 '헛됨', '허무함', '순간적인', '부조리한', '무력한' 등의 의미로도 사용됩니다. 이 단어는 하나의 단어로 번역할 수 없는 복잡한 의미를 가지고 있습니다. 해서, 학자들은 '헤벨'을 번역할 때 한 가지 의미로 표현하기보다는 문맥에 따라 다르게 표현해야 한다고 말합니다.

## 인생은 짧다

전도서는 인생이 지극히 짧다는 것을 강조합니다. '헤벨'은 영원에 대비되는 '덧없음', '순간적임'을 나타낼 때 사용됩니다. 물안개는 호수 면에 잠시 피어오르다 공기 중으로 순식간에 사라져 버립니다. 입김은 입 밖으로 뿜어져 나와 잠시 존재하다 공중으로 흔적도 없이 흩어져 버립니다. 수증기는 또 어떻습니까? 물이 끓는 동안 잠시 보이다가 이내 사라집니다. 이처럼 잠시 존재하다 사라져 버리는 것이 '헤벨'입니다.

전도서는 우리 인생이 물안개와 입김처럼 짧은 순간 존재할 뿐이라고 말합니다. 인생이 허무하게 다가오는 것 역시 인생이 지극히 짧은 순간 존재하다 죽음을 맞이하는 데서 비롯됩니다. 전도서는 인생이 물안개처럼 순식간에 사라져 버린다는 것을 아는 것이 지혜로운 삶의 출발점이라고 말합니다. 소년일 때는 언제 스무 살이 되어 어른이 되나 싶었습니다. 그러나 스무 살 젊은 시절은 정류장을 지나치는 버스처럼 지나가 버렸고, 머리숱 많고 까맣던 소년은 머리에 듬성듬성 흰 눈이 내린 듯 늙은이가 되어 있습니다.

제 나이 오십의 어느 날이었습니다. 초등학교에 다니는 막내를 방과 후 자전거에 태워 온 적이 있습니다. 막내랑 친하게 지내던 방앗간 주인아주머니가 하교하는 막내를 보고는 아는 체를 하십니다. "오늘은 할아버지랑 집에 가는구나." 이 말에 내 뒤에 타고 있던 막내가 웃고 난리가 났습니다. "할아버지 아니에요. 아빠예요, 아빠!" 내 뒤에서 낄낄대는데, 저도 따라 웃음이 나더라고요. 얼마 전에 휴대전화를 바꾸러 갔다가 "어르신"이라고 부르는 소리에 기겁했는데, '할아버지'라니요. 세월은 그렇게 빨리 흘러갑니다.

인생이 순식간에 사라질 숨과 같다는 것을 알면 삶을 바라보는 관점이 달라집니다. 인생이 한숨이며, 물안개처럼 피어올랐다가 사라져 버리는 짧고 덧없는 것이라면, 우리는 인생을 어떻게 살아야 할까요? 우리에게 주어진 얼마 안 남은 시간을 정말로 소중한 것들을 위해 사용해야 하지 않을까요?

우리 인생에 참으로 소중한 것들은 때로 매우 가까이 있어서 평소에는 잘 보이지 않습니다. 그러나 죽음이 다가오면, 참으로 소중한 것이 무엇이었는지 문득 깨닫기도 합니다. 모든 것을 체험해 본 전도자는 인생 말년에 이렇게 고백합니다. "쾌락도, 지식도, 부와 소유물도, 위대한 업적을 성취하는 일도, 세상의 명예와 성공도, 국가를 위한 헌신도, 심지어 정의를 위한 일조차도 다 헛되었다"고 말이지요. 이 모든 일이 다 '바람을 잡으려는 것과 같이' 헛되었다는 것입니다.

인생이 찰나라는 것을 알면 역설적으로 지금의 시간이 소중해집니다. 우리는 미래의 어느 날 행복해지기 위해 지금을 희생해서 과도하게 수고하고, 그렇게 수고하느라 우리에게 주어진 '오늘'이라는 선물을 놓치고 삽니다. 아니면 과거를 후회하거나 죄책감에 사로잡혀 사느라 지금이라는 선물을 즐기지 못하기도 합니다.

전도자는 이런 우리에게 놀라운 제안을 합니다. "나는 생을 즐기라고 권하고 싶다. 사람에게, 먹고 마시고 즐기는 것보다 더 좋은 것이 세상에 없기 때문이다. 그래야 이 세상에서 일하면서, 하나님께 허락받은 한평생을 사는 동안에, 언제나 기쁨이 사람과 함께 있을 것이다"(8:15). '카르페 디엠'(*Carpe diem*), 즉 지금 여기에서 행복하게 살라는 것이죠. 전도자는 숨처럼 짧은 인생에서 참으로 중요한 것은 생을 즐기며 사는 것이라고 말합니다. 인생은 짧습니다. 그러므로 인생을 허비하지 말고 지금 여기에서 '주어진' 삶을 사랑하고, 지금 함께하는 사람들과 기쁘게 살며, 맡겨진 일을 즐기라고 말합니다.

# 인생은 허무하다

'헤벨'은 '헛되다', '허무하다'라는 의미로도 사용됩니다. 다시 말해 우상 숭배처럼 헛되고, 허무하며, 어리석고, 허탄한 행위를 나타낼 때 사용되는 단어이기도 합니다. 우상은 헛되며, 무익하고, 허무합니다. 게다가 무력하지요. 그것은 거짓되며, 사람을 기만하고, 열매가 없는 일에 헌신하게 하며, 인생을 더욱 복잡하고 혼란스럽게 만들 뿐입니다. 헌데, 전도자는 비단 우상 숭배와 같은 일뿐 아니라 인생이 추구하는 모든 일, 심지어 정의롭다고 부르는 일도, 미래를 위한 노동도, 부와 명예도 모두 '헤벨'이라고 선언합니다.

사람들은 인생이 영원할 것처럼 수고하고, 모으고, 움켜쥐려고 합니다. 죽을 때가 가까운 사람들이 더 많이 가지려고 애쓰는 것을 보면 안쓰럽습니다.

시인 윤동주는 유명한 〈서시〉에서 이렇게 노래했습니다.

> 별을 노래하는 마음으로
> 모든 죽어 가는 것을 사랑해야지
> 그리고 나에게 주어진 길을
> 걸어가야겠다.

모든 죽어 가는 것을 사랑하겠다는 시인의 결단은 죽음이라는 운명을 맞이할 모든 생명을 사랑하며 오늘을 살겠다는 각오일 것입

그래서 나는, 행복하게 살기로 했다

니다. 우리에게 주어진 삶은 지금도 조금씩 사라지고 있습니다. 생명이 있는 모든 것은 오늘도 죽어 가고 있습니다.

내 뺨을 어루만지며 그윽히 바라보던 사랑하는 이의 눈길도, 엄마 아빠의 까꿍 소리에 '까르르' 넘어가며 웃던 아이의 웃음소리도, 아이가 자전거를 타면서 "아빠, 놓지 마, 절대 놓으면 안 돼!" 하며 혼자 페달을 밟고 나아가던 순간도, 새벽 해변에 앉아 빨갛게 떠오르는 해를 바라보며 내 어깨에 살포시 기대던 그대의 머리카락도, 모닥불을 피우고 통기타를 치며 신나게 부르던 옛날 노래도, 첫사랑의 그 뜨거운 열병도, 친구들과 둘러앉아 숯불에 고기를 구우며 함께 나누던 즐거운 대화도 사진첩의 빛바랜 사진처럼 모두 조금씩 사라져 갑니다.

윤동주는 "모든 죽어 가는 것을 사랑하며, 나에게 주어진 길을 걸어가야겠다"고 결단합니다. 인생에서 일어나는 모든 일이 헛됨을 알면, 우리가 진심을 다해 사랑해야 할 대상은 나에게 주어진 죽어 가는 사람들과 내게 주어진 삶이라는 것을 깨닫게 됩니다. 이 사실을 깨달을 때 우리는 헛된 것들에 우리 인생을 허비하지 않을 수 있습니다.


## 인생은 수수께끼다

커비 레잉 기독교 연구소 소장인 크레이그 바르톨로뮤(Craig G. Bartholomew)는 '헤벨'을 '수수께끼'로 번역하자고 제안합니다. 전도서에서 헛되다고 번역된 '헤벨'은 바람을 잡으려는 것과 같다는 후렴구에 연결되어 있습니다. "세상에서 벌어지는 온갖 일을 보니 그 모두가 헛되어 바람을 잡으려는 것과 같다"(1:14). 바람은 현실적이지만, 바람을 붙잡는 일은 불가능하다는 것입니다. 즉, 존재하지 않는 것이 아니라 존재하더라도 붙잡을 수 없다는 뜻으로, '수수께끼 같은'으로 번역해야 한다는 것입니다.

'헤벨'은 창세기에 나오는 가인에게 살해당한 아벨의 이름과도 관련 있습니다. '헤벨'과 '아벨'은 같은 단어입니다. 히브리어 성경에서는 아벨을 '헤벨'이라고 쓰는 경우가 대부분이라고 합니다. 아벨은 의로운 삶으로 제사를 드렸지만, 허무하게 죽임당합니다. 의로운 삶을 살고 하나님을 진심으로 예배하며 하나님에게 의인이라고 인정받은 인생조차도 '해 아래'에서 볼 때는 아무것도 남기지 못하고 사라지는 허무한 죽음을 피할 수 없다는 것입니다.

아벨의 죽음처럼 우리도 바람 같은 헤벨의 순간을 만나지만, 이것은 물리적으로 통제할 수도, 지적으로 이해할 수도 없습니다. '해 아래' 인생은 부조리합니다. 의롭게 살았다고 해서 반드시 그에 합당한 보상을 받는 것도 아니고, 오히려 악인이 부와 명예, 장수의 복을 누리기도 합니다. 어리석은 사람이 죽듯이, 지혜자도 죽음 앞에서는 속수무책입니다. 인생은 수수께끼 같습니다. 이해하려고 애쓸수록 미궁에 빠지는 것 같습니다.

　　　　　그래서 나는, 행복하게 살기로 했다

## 인생은 단 한 번 사는 것이다

전도자는 인생이 단 한 번 주어지는 여행이라고 말합니다. "한 세대가 가고, 또 한 세대가 오지만, 세상은 언제나 그대로다"(1:4). 이 세상은 언제나 그대로지만, 사람들은 단 한 번 이 지구라는 여행지를 왔다가 떠납니다.

반복할 수 없는 것이 인생입니다. 어떤 순간은 인생의 기록에서 지워 버리고 새로 시작하고 싶기도 합니다. 내 인생에서 어떤 시기는 그냥 블록으로 지정해서 삭제 버튼을 눌러 버리고 싶습니다. 그러나 어떤 시간들은 무한 반복해서 살아 보고 싶기도 하지요. 이 글을 쓰는 지금, 달빛이 명랑하던 그날 아내와 처음으로 손을 잡은 그 두근거리던 순간을 다시 경험해 보고 싶어지는군요. 애석하게도 우리는 인생을 다시 살아갈 수 없습니다.

해는 여전히 뜨고, 또 여전히 져서, 제자리로 돌아가며, 거기에서 다시 떠오른다. 바람은 남쪽으로 불다가 북쪽으로 돌이키며, 이리 돌고 저리 돌다가 불던 곳으로 돌아간다. 모든 강물이 바다로 흘러가도, 바다는 넘치지 않는다. 강물은 나온 곳으로 되돌아가, 거기에서 다시 흘러내린다(1:5-7).

태양은 성실하게 자신의 궤도를 지키며 돌고, 바람은 그칠 새 없이 불다가 불어온 곳으로 돌아갑니다. 모든 강물은 어제도 그랬듯이 오늘도, 또한 내일도 바다를 향해 변함없이 흐를 것입니다. 세상 만물은 마치 타임 루프에 걸려 빠져 나오지 못한 채 같은 일을 반복하는 영화 주인공을 닮았습니다. 전도서는 세상 만물이 다 지쳐 있다고 말합니다(1:8 참조).

이 여행을 위한 예행연습은 없습니다. 미숙할 수밖에 없는 것이 인생입니다. 인생은 실수의 연속일 수밖에 없습니다. 우리 모두 처음 살아 보니까요. 세상은 순환하지만, 우리가 하는 모든 일은 처음 하는 것들입니다. 우리는 처음 태어나고, 처음 걸음마를 배우고, 처음 사춘기를 겪고, 처음 결혼을 하고, 처음 엄마, 아빠가 되고, 처음 늙고, 처음 죽습니다. 어느 영화 속 대사가 떠오릅니다. "나도, 엄마가 처음이란 말이야." 어떻게 완벽하게 살 수 있겠습니까? 실수도 하고, 당시에는 잘했다고 믿었지만 지나고 보면 그렇지 않았던 일도 있습니다. 완벽한 글을 쓰려는 사람은 자신이 쓴 그 어떤 글에도 만족하지 못합니다. 이처럼 완벽한 인생을 살아야 한다고 믿는 사람은 자신에게 실망할 수밖에 없습니다. 우리 모두가 인생이라는 여행을 처음 하는 사람이라는 것을 알면, 우리는 자신과 타인들을 향해 조금 더 너그러워질 수 있을 겁니다. 이것이 전도서가 말하는 지혜입니다.

한편 처음 가 보는 이 여행지는 우리의 가슴을 설레게도 하고 흥분으로 들뜨게도 합니다. 처음 해 보는 여행이기에 흥미진진할 수 있습니다. 인생도 그렇습니다. 전도서는 "먹고, 마시고, 즐거워하라"고 권합니다. '먹고 마시고 즐거워하라'는 표현은 잔치, 즉 축제

그래서 나는, 행복하게 살기로 했다

를 연상하게 합니다. 안개처럼 모호하고 때로는 부조리한 세상에서도, 마음먹은 대로 잘되지 않는 세상살이 중에도, 부당하고 어처구니없는 일이 일어나는 변하지 않는 세상에서도 우리는 함께 즐거워하고 기뻐하는 삶을 선택할 수 있습니다. 여행지에서 하는 고생은 모두 추억으로 남듯이 말입니다. 시인 천상병은 매우 유명한 시 〈귀천〉에서 이슬처럼 잠시 존재하다가 사라지는 인생을 아름다운 소풍처럼 살리라 노래했습니다.

나 하늘로 돌아가리라.
새벽빛 와 닿으면 스러지는
이슬 더불어 손에 손을 잡고,

나 하늘로 돌아가리라.
노을빛 함께 단둘이서
기슭에서 놀다가 구름 손짓하며는,

나 하늘로 돌아가리라.
아름다운 이 세상 소풍 끝내는 날
가서, 아름다웠더라고 말하리라……

또한 인생이 한 세대를 살고 지나가는 것임을 알면 우리는 원대한 계획이나 비전이 성취되지 않는다고 절망할 필요가 없음을 수용할 수 있습니다. 한 세대가 오고, 또 한 세대가 갑니다. 이전 세대가 이루어 놓은 것은 그들이 갈 때 함께 사라집니다. 이전 세대의 시행착오를 다음 세대들도 고스란히 반복할 것입니다. "지나간 세대는 잊혀지고, 앞으로 올 세대도 그 다음 세대가 기억해 주지 않을 것"입니다(1:11). 강물이 흘러 바다를 채울 수 없듯이, 우리의 눈과 귀가 결코 만족할 만한 성취도 일어나지 않을 것입니다.

지금의 40대와 50대가 젊었을 때는 그들 마음을 사로잡는 비전이 있었습니다. 민주화, 통일, 캠퍼스 복음화, 민족 복음화, 세계 선교……. 우리 가슴을 마구 뒤흔드는 푸르른 꿈이 있었지요. 그러나 여전히 역사는 제자리걸음이고, 교회는 복음화를 이루기는커녕 쇠락하고 있는 듯 보입니다. '아재'들의 꿈과 그 꿈에 헌신을 불사른 열정은 헛된 것이었을까요?

해 아래의 역사는 결코 완전한 성취를 볼 수 없을 테지만, 해 위의 역사는 그렇지 않을 것이라고 성경은 말하고 있습니다. 해 아래의 역사는 단절되지만, 하나님은 당신의 사람들과 당신의 역사를 완성시켜 나갈 것이기 때문입니다. 해서, 전도서는 "마지막 심판을 기억하라"(11:9 참조)고 말합니다. 심판이 있다는 것은 역사의 끝이 있다는 것입니다. 오직 해 위에 계시는 하나님의 역사만이 그 최종 목적을 이룰 것입니다. 그러므로 전도서는 단 한 번뿐인 우리 인생을 무엇에 헌신해야 하는지를 넌지시 말하고 있는 셈입니다.

전도서가 말하는 지혜란 해 아래 세상에서는 새것이라 부를 만한 것이 없다는 사실을 아는 것입니다. 새번역에 '세상'이라고 번역된 '해 아래'라는 표현은 보편적인 인류가 만들어 가는 세상을 뜻합니다. 전도서는 하나님을 떠난 해 아래 세상은 늘 같은 모습일 것이라고 말합니다. 자끄 엘륄(Jacques Ellul)은 "전도서에서는 인간의 진보란 없다"고 말합니다. 물론 과학도 발전하고, 기술도 진보합니다. 그러나 인간은 자신의 존재를 넘어서지 못합니다. 해서, 엘륄은 "그의 삶은 달라지지 않는다. 인간은 자신의 조건에, 자신의 공간과 시간에 갇혀 있다"고 했습니다.

> 이미 있던 것이 훗날에 다시 있을 것이며, 이미 일어났던 일이 훗날에 다시 일어날 것이다. 이 세상에 새것이란 없다. '보아라, 이것이 바로 새것이다' 하고 말할 수 있는 것이 있는가? 그것은 이미 오래전부터 있던 것, 우리보다 앞서 있던 것이다(1:9, 10).

이 세상, 하나님을 떠난 해 아래 세상에서는 빈부 차이, 계급 간 갈등, 차별과 고된 노동, 부패한 일이 항상 있을 것입니다. 전도서는 인류 역사의 진보를 믿지 않습니다. 혹자는 인류 역사가 진보해 오지 않았느냐고 말할지도 모릅니다. 엘륄은 이에 대해 양적이고 실용적인 차원에서는 진보했음이 분명하지만, 인간이 존재해 온 양식과 행동해 온 양식은 변하지 않았음을 주장합니다. 그는 말합니다. "칭기즈 칸은 칼로 사람을 죽였고, 우리는 원자탄으로 죽였다."

기술 발달이 인간성의 진보를 보장하지 않는다는 것이지요. 과학과 지식, 그리고 기술은 눈부시게 발전했지만, 인간의 윤리적인 수준은 여전히 밑바닥입니다. 곳곳에 전쟁이 있고, 전쟁으로 인한 강간과 살육이 버젓이 자행되고 있습니다. 해 아래에서 살아가는 우리는 자신의 탐욕을 통제하지 못합니다. 그 결과, 지구는 뜨거워지고 있고, 북극곰은 굶주려 죽어 가고 있습니다. 아마존 원주민은 터전을 빼앗기는 것도 모자라 생존을 위협받고 있습니다. 플라스틱을 삼킨 새와 물고기가 떼죽음을 당합니다.

세상은 변하지 않을 것입니다. 해 아래 세상의 역사가 진보해서 세상이 천국으로 변하는 일은 결코 일어나지 않을 것입니다. 해 아래 역사는 반복될 뿐, 새로워지지 않을 것입니다.

세상 만물은 목적 없이 반복을 거듭합니다. 전도서는 만물이 지쳐 있다고 표현합니다. "만물이 다 지쳐 있음을 사람이 말로 다 나타낼 수 없다"(1:8a). 이는 전도자의 눈에 투사된 세상의 모습일 것입니다. 사람들은 어리석음을 반복하고, 같은 실수를 거듭하며, 시간이 흘러도 한 걸음도 앞으로 나아가지 못합니다. 잠시 진보하는 것처럼 보이나 곧 처음으로 되돌아가고 맙니다. 그러기에 사람들의 "눈은 보아도 만족하지 않으며 귀는 들어도 차지 않[습니다]"(1:8b). 사람들은 만족하고 싶고 충만하게 채워지고 싶지만, 그러기 위해 낡은 것, 옛 것, 부패한 것이 아닌 새로운 것을 갈망하지만, 결코 그

그래서 나는, 행복하게 살기로 했다

렇게 되지 않습니다.

해 아래 세상에는 개인이든 소속된 집단이든 진보를 약속하며 사람에게 전적인 헌신을 요구하는 존재가 많습니다. 때로는 국가가 그렇습니다. 국가는 젊은이들에게 모든 것을 요구합니다. 권력자의 탐욕과 권력욕은 정의로 둔갑해서 청년들에게 목숨 바칠 것을 강요하기도 합니다. 기업이나 회사가 전적인 헌신을 요구할 수도 있습니다. 구성원의 행복을 보장한다는 조건으로 말이죠. 이념도 그렇습니다. 사람의 행복과 역사의 진보를 위해 헌신을 요구하지요. 군대, 가정, 가문, 교회, 종교, 비전, 돈, 우정 등 우리에게 전적인 헌신을 요구하는 우상이 세상에는 즐비합니다. 해 아래 새것이 없다는 것을 안다면, 세상에서 사라져 버릴 것과 결코 이루지 못할 이상을 위해서 인생을 허비하는 일은 없을 것입니다.

세상에서 목숨을 걸고 행하는 모든 일이 의미가 없다면, 우리는 무엇을 위해 살아야 할까요? 해 아래 새것이 없다는 것을 알게 되면, 해 아래에서 우리에게 전적인 헌신을 요구하는 허무한 것들에 "노(No)"라고 말할 수 있는 자유를 얻게 됩니다. 우리는 결코 채워지지 않을 것과 성취할 수 없는 목적을 위해 우리 삶을 허비하고 있지는 않나요? 우리는 '무엇'을 위해 살아야 할지를 근본에서부터 고민해야 합니다. 해 아래, 우리 인생을 의미 있게 하는 것이 없다면, 그것은 어디에서 찾아야 할까요?

해 아래 세상에서 행하는 모든 일이 헛됨을 알게 될 때, 우리는 다른 질문을 던져야 한다는 것을 깨닫게 됩니다. "무엇이 우리 인생을 의미로 충만하게 할 수 있을까요?" 이것이 전도서를 기록한 이의 목적이기도 합니다. 해 아래 세상에서 눈을 돌려 저 해 위에 계시는 분을 바라보게 합니다. 하늘에 계신 하나님만이 온 세상을 새롭게 하실 수 있기 때문입니다.

> 여호와께서 말씀하신다. "보라! 내가 새 하늘과 새 땅을 창조한 다. 이전 것은 기억되거나 생각나지 않을 것이다"(사 65:17, 현대 인의성경).

> 누구든지 그리스도 안에 있으면, 그는 새로운 피조물입니다. 옛 것은 지나갔습니다. 보십시오, 새것이 되었습니다(고후 5:18).

그래서 나는, 행복하게 살기로 했다

그래서 나는,
행복하게 살기로
했다

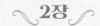

## 2장

# 답 없는 세상살이

### 무엇이 사람을 행복하게 하는가?

전도서 1장 12절-2장 26절

우리는 하나님이 허락하신 일상 속에서 행복을 발견할 수 있습니다. 행복한 사람은 하나님 안에서 일상을 사는 사람입니다. 그의 일상을 지배하는 것은 쾌락이나 성공, 부에 대한 욕망이 아닙니다. 그는 자신의 일상을 하나님 안에서 살아냅니다. 그는 해 아래 허무한 세상 안에 있지 않습니다. 그는 하나님 안에 있는 샬롬의 세계를 사는 사람입니다. 에덴동산의 아담과 하와처럼 정원을 가꾸고 신선한 채소와 과실을 수확해서 먹고 마시며 하나님이 주신 세계에 감사하며 즐거워하는 것. 전도자는 그보다 나은 행복은 없다고 단언합니다.

무엇이 사람을 행복하게 할까요? 행복해지기 위해 사람이 할 수 있는 온갖 실험을 다 해 본 사람이 있습니다. 바로 솔로몬입니다. 그는 지혜를 통해 행복에 이를 수 있을지 탐구합니다. 행복을 위해 술과 쾌락에도 빠져 봅니다. 직업의 영역에서 놀라운 성취를 이루어 보기도 합니다. 금과 은은 물론이요, 세상의 귀한 예술품과 보물을 가득 모아도 봅니다. 천부적인 지혜로 그 누구도 대적할 수 없는 권력을 누려 보기도 합니다. 젊고 아름다운 처첩들을 얻어 성적인 환상을 만족시켜 보기도 합니다. 원하는 것이라면 다 가져 보고, 하고 싶은 것은 모두 경험해 보았습니다. 과연 그는 행복을 찾았을까요?

본문의 화자는 자신을 "다윗의 아들 예루살렘 왕"(1:1)이라고 지칭하며, 예루살렘에서 왕이 되어 이스라엘을 다스렸다고 기록하고 있습니다. 본문에 기록된 그의 행적이 솔로몬을 떠올리게 하는 것은 분명합니다. 그러나 본문을 기록한 사람이 실제로 솔로몬인지에 대해서는 논란이 많습니다. 왕의 행적을 기록한 역대기나 열왕기에는 솔로몬이 하나님에게로 돌이켰다는 기록이 없고, 전도서 본문에서는 자신의 이름을 밝히지 않고, 지혜자 집단의 구성원이라고 밝히고 있기 때문입니다(12:9-12).

전도서를 기록한 사람은 누구일까요? 본문에 '전도자'라고 번역된 히브리어는 '코헬렛'으로, 지혜에 관한 자료를 수집하는 사람들입니다. 코헬렛은 수집한 자료를 모아 편집하고 기록하는 일을 했고, 백성에게 지혜를 가르쳤습니다. 많은 학자는 전도서의 저자가 실제 솔로몬이 아니라 이런 코헬렛 중 한 명이었다고 봅니다.

저자는 '솔로몬'을 패러디합니다. 지혜와 행복에 대해 솔로몬보다 확신 있게 말할 수 있는 사람이 있을까요? 그는 누구보다 지혜로웠고, 행복해지기 위한 모든 것을 탐구해 본 사람입니다. 무엇이 우리를 행복하게 할까요? 우리는 어디에서 그 행복을 찾을 수 있을까요? 행복을 찾아 떠난 솔로몬의 여정을 함께 따라가 보겠습니다.

## 해 아래 세상에서 행복을 찾을 수 있을까?

전도자는 삶의 의미를 밝히기 위한 자신의 탐구가 결코 가벼운 것이 아니었다고 말합니다. 예루살렘의 왕이 된 그는 하늘 아래에서 벌어지는 모든 일에 관한 비밀을 알아내기 위해 전력을 다해 탐구했습니다.

> 나 전도자는 예루살렘에서 왕이 되어 이스라엘을 다스리는 동안에, 하늘 아래에서 되어지는 온갖 일을 살펴서 알아내려고 지혜를 짜며 심혈을 기울였다(1:12, 13).

그래서 나는, 행복하게 살기로 했다

그는 자신이 예루살렘을 다스린 어느 누구보다 지혜로운 존재이며, 지혜와 지식을 쌓는 일에 자신보다 많은 것을 경험한 사람은 없다고 자신 있게 말합니다.

나는 장담하였다. "나는 지혜를 많이 쌓았다. 이전에 예루살렘에서 다스리던 어느 누구도, 지혜에 있어서는 나를 뛰어넘지 못할 것이다. 지혜와 지식을 쌓은 일에서, 나보다 더 많은 경험을 한 사람은 없다"(1:16).

솔로몬은 지혜에 있어서 타의 추종을 불허하는 사람이었습니다. 지혜에 관한 한 그와 견줄 수 있는 사람은 없었습니다. 그는 지혜에 있어서 최고였습니다. 그런 그가 세상에서 벌어지는 온갖 일을 하나님이 주신 지혜로 심혈을 기울여 관찰한 후 내린 결론은 이러했습니다. "하나님은 왜 사람을 이런 수고로운 일에다 얽어매어 꼼짝도 못하게 하시는 것인가?"(1:13) 공동번역은 더 노골적입니다. "하느님께서는 사람에게 괴로운 일을 주시어 고생이나 시키신다는 것을 알기에 이르렀다." 이것이 그가 발견한 하늘 아래 세상에서 벌어지고 있는 일의 실상이었습니다. 사람의 지혜로 하늘 아래 삶을 고찰해 볼 때, 인생은 온통 고생과 고통으로 가득 차 있다는 것입니다.

내가 해 아래에서 행하는 모든 일을 보았노라 보라 모두 다 헛되어 바람을 잡으려는 것이로다(1:14, 개역개정).

왜 그럴까요? 그 이유는 인류가 해 아래 세상에 살고 있어서입니다. 전도서에서 말하는 해 아래 세상은 하나님을 떠난 인류가 만들어 가는 세상입니다. 해 아래 세상은 인간의 죄와 탐욕, 그리고 어리석음이 서로 만나 합을 이루어 만들어지는 곳입니다. 해 아래 세상은 구부러져 있습니다. 구부러진 세상에서는 올바름이라 부르는 것, 예컨대 정의, 공의, 사랑, 진실 같은 것들도 구부러져 있습니다. 예수께서는 빛이셨지만, 어둠이 지배하는 구부러진 세상에서는 죄인으로 심판받으셨고, 사랑으로 행하신 일들은 세상의 규칙을 깨뜨리는 악으로 판단받았습니다. 전도자는 말합니다.

구부러진 것은 곧게 할 수 없고, 없는 것은 셀 수 없다(1:15).

구부러진 것은 해 아래 세상 그 자체입니다. 구부러진 해 아래 세상에는 사람들이 갈망하는 것이 원래 존재하지 않습니다. 사람들은 진정한 사랑을 찾고, 정의로운 세상을 바라며, 참된 평화를 갈망합니다. 그러나 구부러진 해 아래 세상에서는 그런 것들이 없으므로 셀 수도 없고, 그것을 찾는 사람들을 만족시킬 수도 없습니다.

오염된 강물에서 사는 물고기는 결코 행복할 수 없으며, 불행한 물고기는 오염된 강물을 정화시킬 수 없습니다. "구부러진 것은 곧게 할 수 없고, 없는 것은 셀 수 없다"는 것은 엘륄의 말처럼 해 아래 세상에서는 불의하고 부패한 세상을 바르게 펼 수 없고, 없는 정의와 공의를 실현할 수도 없다는 뜻입니다. 전도자는 이로 인하여 탄식합니다.

이뿐 아닙니다. 전도자는 애초에 무엇이 '슬기롭고', 무엇이 '어리석은지'를 구별하는 일조차 바람을 잡으려는 것과 같음을 깨닫습니다.

> 세상에서 벌어지는 온갖 일을 보니 그 모두가 헛되어 바람을 잡으려는 것과 같다(1:14).

전도자가 보기에 해 아래 세상에서는 무엇이 옳고 그른지, 어떻게 사는 것이 지혜로운지 혹은 어리석은지, 무엇이 잘된 일이고 무엇이 잘못된 일인지를 구별하는 것조차 풀리지 않는 수수께끼 같습니다. 하늘 아래에서 벌어지는 일이 지닌 의미를 찾으려고 지상 최고의 지혜로 심혈을 기울여 들여다본 그는 결국 그 모든 시도가 "헛되어 바람을 잡으려는 것"과 같고, 심지어는 지혜와 어리석음을 구별하는 일조차도 "바람을 잡으려는 것"처럼 불가능함을 깨닫습니다. 지혜는 답을 찾아 주기는커녕 번뇌와 걱정을 불러일으킵니다.

사람의 지혜는 무한하지 않습니다. 지혜를 가진 사람이 모든 문제를 해결할 수 있는 권능을 갖게 되는 것도 아닙니다. 사람의 지혜는 무능합니다. 지혜로 세상을 바꾸려고 시도하지만 무엇이 지혜인지도 모호하고, 구부러진 세상은 도무지 바뀌지 않습니다. 전도자는 깨닫습니다. "구부러진 것은 곧게 할 수 없고, 없는 것은 셀 수 없다."

하지만 우리는 매우 쉽게 해결책을 제시하고 행복을 약속하는 세상에서 살고 있습니다. "소비하라, 행복해질 것이다." "원하는 물건을 사는 것이 행복이다." "돈이 당신을 행복하게 할 것이다." 이러한 현대인의 잠언들은 구부러지고 셀 수 없는 행복에 딱 맞는 예시입니다.

전도서는 인생에 대해 섣부른 희망을 약속하지 않습니다. 행복을 쉽게 찾을 수 있다고도 말하지 않습니다. 오히려 세상에서 일어나는 모든 일은 헛되며, 답을 알 수 없는 수수께끼 같다고 말합니다. 해 아래 세상에서 의미와 행복을 찾을 수 없다면 무엇이 우리를 행복하게 할 수 있을까요? 솔로몬이 탐구한 다음 주제는 쾌락이었습니다. 쾌락은 우리를 행복하게 해줄 수 있을까요?

## 쾌락이 행복을 줄 수 있을까?

옛 사람들이 술과 함께 즐겨 부르던 노래가 있습니다.

> 노세 노세 젊어서 놀아 늙어지면은 못 노나니
> 화무는 십일홍이요 달도 차면 기우나니라
> 얼씨구절씨구 차차차 지화자 좋구나 차차차
> 화란춘성 만화방창 아니 노지는 못하리라 차차차
>
> 가세 가세 산천경개로 늙기나 전에 구경 가세

인생은 일장의 춘몽 둥글둥글 살아나가자
얼씨구절씨구 차차차 지화자 좋구나 차차차
춘풍화류 호시절에 아니 노지는 못하리라 차차차

열흘 넘게 붉은 꽃이 없듯 인생의 젊은 시절은 금방 지나가 버리
고, 달이 차면 기울듯이 청춘은 이내 빛이 바랩니다. 인생은 일장춘
몽처럼 꿈이런가 지나가 버리니, 꽃이 만발한 한창 때의 따뜻한 봄
날, 실컷 놀아 보자는 것입니다.
　우리네 조상들이 그랬듯이, 솔로몬도 같은 결론을 내리고 이렇
게 말합니다.

　지혜를 갈망해 온 나는, 술로 내 육신을 즐겁게 하고, 낙을 누려
　보려고 마음먹은 적도 있다(2:3).

　그는 이러한 자신의 선택이 "짧은 한평생을 가장 보람 있게 사는
것"(2:3)이라고 생각합니다. 하늘 아래 세상살이 속에는 고생이 가득
하다는 것을, 지혜가 인생의 문제에 대한 해답은커녕 번민과 근심
을 불러온다는 것을 깨달은 솔로몬은 이제 방향을 돌려 쾌락을 추
구합니다. 짧고 한 번뿐인 인생이기에 '즐기며' 살자는 것입니다. 과
연, 쾌락은 그에게 행복을 줄 수 있을까요?
　솔로몬은 자신을 즐겁게 할 일을 찾아다닙니다. 술로 자신을 즐
겁게 해서 낙을 누려 보려 합니다. 자신을 즐겁게 하는 것이야말로

짧은 인생을 가장 보람 있게 사는 것이라고 생각합니다. 지혜와 지식은 번민을 가져오고, 구부러진 세상에는 고통과 고생밖에 없으니 쾌락을 추구하는 삶이야말로 짧은 한평생을 가장 보람 있게 사는 방법일 것입니다.

> 나는 혼자서 이런 생각도 해 보았다. "내가 시험 삼아 너를 즐겁게 할 것이니, 너는 네 마음껏 즐겨라"(2:1).

그러나 술과 쾌락으로 행복을 찾으려 한 솔로몬의 행복 찾기는 실패로 끝나고 맙니다. "그러나 이것도 헛된 일이다. 알고 보니 웃는 것은 '미친 것'이고, 즐거움은 '쓸데없는 것'이다"(2:1b-2). '미친 것'이라고 번역된 '메홀랄'은 '지각없는', '어리석은'이라는 뜻이며, '쓸데없는 것'이라는 말은 '아무것도 성취할 수 없다'는 의미입니다. 솔로몬은 쾌락을 통해 행복을 찾으려 했지만, 그것 역시 덧없고 헛되다는 사실을 깨닫습니다.

## 성공이 행복을 줄 수 있을까?

솔로몬은 대단한 성취를 이룹니다. 사치스럽고 화려한 궁전을 건축합니다. 포도주를 생산하기 위해 대규모 포도원을 만듭니다. 세상에서 가장 멋지고 아름다운 정원을 지어 가꾸고, 과수원을 짓고 그

곳에 진기한 열매를 맺는 온갖 과일나무를 심습니다. 그리고 그 나무들에 물을 대기 위해 웅장한 저수지도 건설합니다. 그가 하는 모든 일에 성공합니다. 지금으로 말하면, 그는 빌 게이츠나 일론 머스크처럼 성공한 부자였습니다.

거기에 더해, 솔로몬은 마음먹은 것은 모두 사들여 자신의 소유로 삼습니다. 남녀 종들을 사들이기도 하고, 씨종들을 태어나게도 합니다. 농업뿐만 아니라 목축업에도 손을 대 "지금까지 예루살렘에 살던 어느 누구도 일찍이 그렇게 가져 본 적이 없을 만큼 많은 소와 양 같은 가축 떼"(2:7)를 소유해 보기도 합니다. 은과 금, 그리고 왕들이 가지고 있던 여러 나라의 보물을 원 없이 사 모았습니다. 그는 BTS나 블랙핑크 같은, 자신을 위해 노래하는 남녀 가수들도 데리고 있었고, 매우 아름다운 처첩도 거느렸습니다.

결국, 솔로몬은 이전에 예루살렘에 살던 어느 누구보다 큰 권력을 가진 사람이 됩니다.

드디어 나는 일찍이 예루살렘에 살던 어느 누구보다도 더 큰 세력을 가진 사람이 되었다(2:9).

그가 이렇게 엄청난 권력을 가질 수 있었던 것은 지혜가 늘 그 곁에서 그를 깨우쳐 주었기 때문이라고 말합니다(2:9). 그는 자신이 성취한 것들을 내려다보며 말합니다.

원하던 것을 다 얻었다. 누리고 싶은 낙은 무엇이든 삼가지 않았다. 나는 하는 일마다 다 자랑스러웠다. 이것은 내가 수고하여 얻은 나의 몫인 셈이었다(2:10).

그는 원하는 모든 것을 성취합니다. 그 결과, 역대 어느 왕보다 큰 권력을 가진 사람이 됩니다. 막강한 권력과 헤아릴 수 없는 부, 그리고 출중한 지혜로 자기 안에 있는 욕망을 모두 만족시키며 살게 됩니다. 그러나 온갖 것을 다 가져 보고, 다 누려 본 그는 그 모든 것이 헛되고 바람을 잡으려는 것과 같고, 아무런 보람도 없는 것이었다고 고백합니다.

그러나 내 손으로 성취한 모든 일과 이루려고 애쓴 나의 수고를 돌이켜 보니, 참으로 세상 모든 것이 헛되고, 바람을 잡으려는 것과 같고, 아무런 보람도 없는 것이었다(2:11).

그가 이루고자 한 것은 스스로의 힘으로 에덴 같은 천국을 건설하는 것이었습니다. 크레이그 바르톨로뮤는 그의 「전도서 주석」(기독교문서선교회 역간)에서 이렇게 말합니다. "그는 말하자면 에덴을 재창조하려 한다." 본문에 나오는 단어들은 에덴을 묘사하는 창세기 1-2장에 집중적으로 등장합니다. "온갖 과일나무", "정원"(동산), "자라나는(기르는) 나무들"은 모두 에덴동산의 모습입니다. 솔로몬은 하나님이 없는 자기만의 '천국'을 건설하려 한 것입니다.

그러나 그는 자신의 성공과 그 성공에 이르기 위해 애쓰고 수고한 모든 것을 돌아보며 모든 것이 헛되며 결과적으로 헛수고였다고 말합니다. 그 이유가 무엇일까요? 모든 사람이 살아 보고 싶은 삶을 산 것이 분명한데, 성공을 뒤돌아보는 그의 탄식은 마음 깊은 곳에서 우러나오는 진실한 목소리임이 확실합니다. 그는 하나님이 없는 자기 자신만을 위한 천국에는 행복이 없다는 사실을 알려 주려던 것이 아니었을까요?

솔로몬의 성공은 오늘날 대부분의 사람이 추구하는 그런 성공일 것입니다. 소비주의는 우리 시대를 관통하는 사고방식입니다. 많은 것을 소유하고 더 많은 쾌락을 누리는 삶이 성공적인 삶이라고 부추기는 시대입니다. 매체들은 전망이 멋진 집들과, 남들이 갖지 못한, 심지어 수없는 아이템을 소유한 사람들을 주목하여 보여 줍니다. 오늘날 부의 상징은 단순히 소유하는 것이 아니라 돈이 있어도 쉽게 가질 수 없는 것을 가지는 이른바 '득템력'이라고 합니다. 지금 우리는 멋진 삶이란 좋은 차를 타고 아름다운 휴양지에서 화려한 요리와 파티를 즐기며 남들이 가질 수 없는 물건을 가졌는지로 정의되는 시대를 살고 있습니다.

허면, 그렇게 사는 사람들은 행복해졌을까요? 그렇게 살면 행복해질 수 있을까요? 솔로몬은 그 모든 것을 겪어 본 후에 그러한 삶을 살기 위해 애쓰고, 수고하며, 고생한 모든 시간이 헛되고 허무하더라고 증언합니다. 그러면 대체 어떻게 행복해질 수 있을까요?

## 지혜가 행복을 줄 수 있을까?

지혜는 행복을 어디에서, 어떻게 찾을 수 있는지 알려 줄 수 있을까요? 솔로몬은 "무엇이 슬기로운 일이며, 무엇이 얼빠지고 어리석은 일인지 알려고 애를 써 보기도 하였다"(2:12b)고 합니다. 그는 이미 지혜가 어리석음보다 나음이 빛이 어둠보다 나은 것과 같아서 지혜로운 사람은 자신이 걸어야 할 길을 볼 수 있지만, 어리석은 사람은 어둠 속에서 헤매게 된다는 것도 알고 있습니다.

> "빛이 어둠보다 낫듯이, 슬기로움이 어리석음보다 더 낫다"는 것, "슬기로운 사람은 제 앞을 보지만, 어리석은 사람은 어둠 속에서 헤맨다"는 것, 이런 것은 벌써부터 알고 있다(2:13, 14a).

이스라엘 전통에서 지혜를 가진 사람은 하나님이 주신 길을 아는 사람입니다. 그는 하나님의 뜻을 따라 정의와 공의의 길을 선택할 줄 알고, 그 길을 걷는 사람입니다. "지혜자는 그의 눈이 그의 머리 속에 있[어서]"(2:14, 개역개정) 정직한 길을 걸을 수 있습니다. 반면, 어리석은 사람은 '어둠', 즉 하나님이 미워하시는 악한 길을 걸을 뿐만 아니라 그 결과 인생을 성공적으로 살아낼 수 없습니다.

그런데 솔로몬이 아는 것이 하나 더 있습니다. 바로 지혜로운 사람이나 어리석은 사람이나 모두 동일하게 죽음을 맞이한다는 것입니다.

그래서 나는, 행복하게 살기로 했다

지혜 있는 사람에게나 어리석은 사람에게나 똑같은 운명이 똑같이 닥친다는 것도 알고 있다(2:14b).

솔로몬은 깨닫습니다. "죽음 앞에서 지혜로운 사람의 지혜가 무슨 소용이 있는가?" 지혜로운 자도 죽고, 우매한 자도 죽더라는 것입니다. 여기에서 전도서는 이스라엘의 전통적인 신념을 뒤집습니다. 그는 독자들에게 도전합니다. "과연 지혜가 어리석음보다 나은 것이 무엇인가?"

그래서 나는 스스로 물었다. "어리석은 사람이 겪을 운명을 나도 겪을 터인데, 무엇을 더 바라고, 왜 내가 지혜를 더 얻으려고 애썼는가?" 그리고 나 스스로 대답하였다. "지혜를 얻으려는 일도 헛되다"(2:15).

또한 지혜가 있다고 해서 그 사람이 오래 기억되는 것도 아님을 알게 됩니다. 지혜로운 삶을 살아간 사람들도 결국 모두에게 잊힙니다. 죽음은 우리가 사랑한 모든 것과의 관계를 끊어 버립니다. 슬기로운 사람이나 어리석은 사람이나 사람들의 기억에서 사라지는 것은 같습니다(2:16). 우리를 기억해 줄 사람들도 다 죽기 때문입니다. 믿음으로 산 사람도, 이기적으로 자신만을 위해 산 사람도, 하나님의 뜻을 구하며 살아간 사람도, 자신의 욕망에 충실하게 살아간 사람도 다 죽습니다.

그러니 산다는 것이 다 덧없는 것이다. 인생살이에 얽힌 일들이 나에게는 괴로움일 뿐이다. 모든 것이 바람을 잡으려는 것처럼 헛될 뿐이다(2:17).

우리 삶이 허무해지는 것은 바로 이 죽음 때문입니다. 유한한 해 아래 세상에서는 지혜로운 사람이나 어리석은 사람, 의롭게 산 사람이나 악하게 산 사람 모두 같은 결말을 맞이합니다. 바로 죽음입니다. 우리는 어디에서 행복을 찾을 수 있습니까? 해 아래 세상이 유일한 세상이라면, 희망은 없습니다.

## 위대한 업적을 남기면 행복해질까?

솔로몬은 억울합니다. 억울해 미칠 지경입니다. 자신이 수고하여 이룩한 모든 업적을 뒤이어 나타날 자에게 물려주고 자신은 죽어야 하다니, 얼마나 미칠 것 같았을까요? 그는 "억울하기 그지없다"고 한탄합니다(2:18b). 자신의 뒤를 이을 자가 위업을 이어 더 나은 세상을 만들 현자일지, 다 망쳐 버릴 바보일지 알 수가 없습니다.

세상에서 내가 수고를 마다하지 않고 지혜를 다해서 이루어 놓은 모든 것을, 그에게 물려주어서 맡겨야 하다니, 이 수고도 헛되다(2:19b).

솔로몬의 한숨 소리가 수천 년의 시간을 건너 여기까지 들리는 듯하지 않습니까? 위대한 업적을 남긴 사람의 뒤를 잇는 사람들이 그 수고를 헛되게 만드는 경우가 얼마나 많았습니까? 솔로몬의 영광은 바로 그의 아들 세대에서 빛이 바랬을 뿐만 아니라, 솔로몬이 이룩한 모든 것은 그의 어리석은 아들에 의해 파괴되고 맙니다. 한 세대가 고생하며 이루어 놓은 일들을 다음 세대가 전부 말아먹는 경우도 비일비재합니다.

자신의 업적을 바라보는 그는 그 업적을 남기기 위해 수고한 자신의 애씀이 비통할 뿐입니다.

> 세상에서 애쓴 모든 수고를 생각해 보니, 내 마음에는 실망뿐이다(2:20).

수고하는 사람이 따로 있어서 그가 받아야 할 몫을 전혀 수고하지 않은 다른 누군가가 받습니다. 수고는 자신이 하고 그 결실은 다른 사람이 보다니, 뭔가 잘못되지 않았나요? 울상을 짓고 하늘을 쳐다보는 그가 불쌍해 보일 지경입니다. 그는 자신의 모든 지혜와 재능을 다 바치고, 속을 썩이며 온갖 수고를 마다하지 않았지만, 그 모든 열매는 그의 뒤를 이을 누군가가 냉큼 집어삼켜 버립니다. 그가 내린 결론입니다.

> 평생에 그가 하는 일이 괴로움과 슬픔뿐이고, 밤에도 그의 마음

이 편히 쉬지 못하니, 이 수고 또한 헛된 일이다(2:23).

해 아래 세상에서는 그렇습니다. 우리는 무엇을 위해 그렇게 수고하고, 마음고생하며, 잠도 자지 못하고 일하는 것일까요? 무엇을 위해 그렇게 해야만 할까요?


## 무엇이 우리를 행복하게 할까?

"하나님."

전도자는 하나님만이 우리를 행복하게 하신다고 말합니다. 해 아래 구부러진 세상에서는 삶의 의미도 행복도 발견할 수 없고, 성공도 쾌락도 다 헛되며, 지혜조차도 행복을 발견하는 데 무능합니다. 전도자는 모든 것에 회의적이지만, 확실한 행복의 비결이 있다고 우리에게 알려 줍니다. 행복은 하나님 안에 숨겨져 있습니다. 하나님 안에서 그분이 이미 우리에게 베풀어 주신 것들을 기뻐하며 사는 것입니다.

사람에게는 먹는 것과 마시는 것, 자기가 하는 수고에서 스스로 보람을 느끼는 것, 이보다 더 좋은 것은 없다. 알고 보니, 이것도 하나님이 주시는 것, 그분께서 주시지 않고서야, 누가 먹을 수 있으며, 누가 즐길 수 있겠는가?(2:24, 25)

먹고 마시고 일하는 것은 하나님이 사람에게 선사하신 행복을 위한 선물입니다. 먹고 마시고 일하는 삶은 하나님이 에덴동산의 남녀에게 주신 일상의 삶이었습니다. 에덴동산에서 사람은 일하고, 먹고, 마심으로 하나님이 선사하신 세계를 기쁨으로 향유했습니다.

하나님이 선사하시는 행복은 우리의 일상과 관련 있습니다. 더 많은 것을 소유하기 위해 우리의 인생을 갈아 넣지 않아도 됩니다. 성공하고 위대한 업적을 남겨야만 행복해지는 것도 아닙니다. 끝도 없는 쾌락을 위해 술과 섹스에 몸을 던지지도 않습니다.

우리는 하나님이 허락하신 일상 속에서 행복을 발견할 수 있습니다. 행복한 사람은 하나님 안에서 일상을 사는 사람입니다. 그의 일상을 지배하는 것은 쾌락이나 성공, 부에 대한 욕망이 아닙니다. 그는 자신의 일상을 하나님 안에서 살아냅니다. 그는 해 아래 허무한 세상 안에 있지 않습니다. 그는 하나님 안에 있는 샬롬의 세계를 사는 사람입니다. 에덴동산의 아담과 하와처럼 정원을 가꾸고 신선한 채소와 과실을 수확해서 먹고 마시며 하나님이 주신 세계에 감사하며 즐거워하는 것. 전도자는 그보다 나은 행복은 없다고 단언합니다.

일하고 먹고 마시는 삶은 물질성을 긍정합니다. 우리를 행복하게 하는 것은 먹고 마실 수 있는 물질의 세계입니다. 기독교는 매우 오랫동안 천상에서의 영적인 삶을 강조하느라 우리를 행복하게 하는 것이 하나님이 창조하신 이 세계라는 사실을 망각해 왔습니다.

'영적'이라는 말은 종종, 아니 매우 자주 이 세상 너머의 삶, 우리의 육체가 아닌 영혼의 삶을 가리키는 것으로 사용되어 왔습니다. 그러나 성경은 '영적'이라는 말을 물질성을 거부하는 의미로 사용하지 않습니다. 성경에서 '육신적'이라고 할 때는 자기중심적이고 이기적인 삶을 가리킵니다. 반면 '영적'이라고 할 때는 하나님의 계명을 따라 이웃과 성도를 사랑하는 삶을 가리킵니다.

요한은 하나님을 사랑하는 것, 즉 영적인 삶이란 형제자매를 사랑하는 삶이라고 말합니다. 그리고 형제를 사랑하는 것은 곧 그의 필요를 자신이 가진 물질로 돕는 것이라고 말합니다.

> 누구든지 세상 재물을 가지고 있으면서, 자기 형제자매의 궁핍함을 보고도, 마음 문을 닫고 도와주지 않으면, 어떻게 하나님의 사랑이 그 사람 속에 머물겠습니까?(요일 3:17)

하나님이 창조하신 이 세계는 우리 마음을 들뜨게 하고 행복하게 합니다. 태양이 떠오를 때, 고즈넉한 호수 위에서 자맥질하는 오리들을 볼 때, 바닷속에서 유영하는 물고기 떼를 만날 때, 봄이 되면 화사하게 피어나는 꽃들과 춤추는 나비들을 발견할 때입니다.

그중에서도 먹고 마시는 일은 사람을 참으로 기쁘게 합니다. 확인하고 싶으시거든 친구들의 SNS를 찾아보십시오. 온통 맛있어 보이는 음식 사진일 겁니다. 달콤한 디저트와 예쁜 잔에 담긴 커피나 음료 사진일 겁니다. 사실 사랑하는 사람들과 즐기는 멋진 음식만큼 우리의 마음을 설레게 하는 것은 없습니다.

월터 브루그만(Walter Brueggmann)은 「완전한 풍요」(한국장로교출판사 역간)에서 하나님이 우리에게 풍요로운 세상을 주셨다고 말한 바 있습니다. 해서, 우리는 하나님이 주신 풍요로운 세상에서 잘 먹고 마시는 일이 무엇인지를 깊이 생각해 보아야 합니다.

성경은 솔로몬의 미식과 폭식을 반대합니다. 솔로몬의 식탁은 자기 과시적이며, 가난한 농민과 노동자의 희생으로 차려진 것이기 때문입니다. 솔로몬의 식사는 해 아래 세상의 식사를 전형적으로 보여 줍니다. 그것은 허무하고 헛된 것입니다.

우리는 '해 아래 식탁'이 아니라 '하늘의 식탁'을 차려야 합니다. 하늘의 식탁은 하나님 안에서 함께 먹고 마시고 즐거워하기 위해 차려지는 식탁입니다. "먹고 마시고 즐거워하라"는 표현은 주로 잔치나 축제를 벌일 때 사용되었습니다. 혼자서 잘 먹고 잘 사는 행위는 이미 헛되고 허무하다는 판결을 받았습니다. 행복한 사람은 하나님 안에서 일하고, 그 수고로 받은 대가로 공동체와 함께 먹고 마심으로 즐거워할 줄 아는 사람입니다. 그래서 예수께서는 자주 "천국은 잔치 같다"(마 22:2 참조)고 말씀하신 것이죠. 하나님이 주신 것들로 하늘의 식탁을 차리고 천국 잔치를 벌이는 것입니다.

또한 하늘의 식탁은 우리가 먹는 식재료가 부당하고 가혹한 노동의 결과물은 아닌지 살핍니다. 커피를 마실 때는 공정 무역을 거친 원두를 사용한 것인지 살펴봅시다. 우리가 먹는 간 새우가 어느 나라의 섬에 납치된 어린이들의 강제 노동으로 생산된 것은 아닌지 확인해 볼 필요도 있습니다. 그리고 기왕이면 지역에서 난 생산물을 식재료로 사용하는 것입니다. 요리를 배워 보는 것도 좋습니다. 가끔 외식도 좋고 인스턴트 음식도 필요하지만, 지역의 식재료로 맛있는 요리를 만들어 사랑하는 사람들과 함께 먹고 마시는 행복을 누려 봅시다.

우리 가족에게는 베트남에서 온 친구 가족이 있습니다. 홍덕과 도티레는 한국에서 만나 결혼해서 미나라는 예쁜 딸도 얻었습니다. 홍덕은 요리해서 대접하는 것을 좋아합니다. 홍덕이 만든 베트남 요리는 정말 일품입니다. 분짜, 쌀국수, 베트남식 순대, 직접 잡아서 조리한 닭 요리……. 홍덕의 가족을 만나고 우리 가족의 삶은 이 전보다 풍요로워졌습니다. 홍덕을 만나고 요리를 배우고 싶어졌습니다. 사랑하는 사람을 위해 차린 맛있는 식탁은 천국을 경험하게 합니다.

하나님이 주신 삶을 누리려면, 하나님에게서 온 지혜가 필요합니다.

> 하나님이, 마음에 드는 사람에게는 슬기와 지식과 기쁨을 주시고, 눈 밖에 난 죄인에게는 모아서 쌓는 수고를 시켜서, 그 모은 재산을 하나님 마음에 드는 사람에게 주시니, 죄인의 수고도 헛되어서 바람을 잡으려는 것과 같다(2:26).

지혜로운 사람은 하나님 안에서 하나님이 주신 선물들을 향유합니다. 하나님이 우리에게 선사하신 피조 세계를 누리고, 사랑하는 사람들을 위해 사랑의 만찬을 차려 내어 그들과 함께 먹고 마시며 즐거워할 줄 아는 사람이 하나님이 허락하신 진정한 행복을 누립니다. 그러나 어리석은 사람은 모아서 쌓는 일에 자신의 인생을 갈아 넣지만 결국 자신이 누리지 못하고 모은 재산도 모두 다른 이에게 넘어가게 되니 그의 모든 수고는 헛되어 바람을 잡으려는 것처럼 허무할 뿐입니다.

하나님이 우리에게 선물로 주신 일상과 세계, 그리고 사람들 안에 있는 아름다움을 향유하려면, 그것을 향유할 수 있는 가슴이 필요합니다. 우리가 구해야 할 것은 더 많은 돈과 재산이 아니라 주신 것들을 향유할 수 있는 가슴입니다.

# 3장

# 통제 불가의 시간

### 통제할 수 없는 일들 속에서 행복할 수 있을까?

전도서 3장

파도를 보내시는 분은 하나님이지만, 그 파도에 휩쓸려 떠내려갈지, 그 파도를 멋지게 타는 서퍼가 될지는 우리에게 달린 일입니다. 하나님은 때로 커다란 파도를 보내기도 하시고, 또 때로 잔잔한 파도를 보내기도 하십니다. 하나님이 보내시는 파도와 함께 우리는 우리가 할 수 있는 일을 하면 됩니다. 우리에게 주어진 인생을 완벽하게 '통제'하려고 하지 말고, 할 수 있는 일을 즐기며 하라는 이야기입니다.

우리는 시간을 통제할 수 없습니다. 아침에는 태양이 뜨고 밤이 되면 어두워집니다. 시간은 흐르고, 푸르른 청춘이 백발의 노년으로 늙어 갑니다. 우리 힘으로는 오는 아침을 가로막거나 가는 하루를 붙들어 둘 수 없고, 나이가 들어가는 시간을 막을 수 없습니다. 우리가 모든 것을 통제하며 사는 것처럼 보이지만, 사실은 그 반대입니다. 우리가 시간을 통제하는 것이 아니라 시간이 우리를 지배합니다.

우리는 흐르는 시간 속에서 태어나 시간의 격랑을 헤치며 살아갑니다. 어느 누구도 역사의 어떤 시점에 태어날지, 어떤 인생으로 살지 스스로 선택하지 못합니다. 그럴 수 있다면 우리는 태평성대에 태어나 왕자나 공주로, 재벌가의 손자나 손녀로 태어나기를 선택했겠지요. 어떤 사람들은 전쟁 시기에 태어나 참혹한 시간을 견디며 살아야 했습니다. 또 어떤 사람들은 태평성대에 태어나 돈도 많이 벌고, 성취감도 맛보는 인생을 살 수 있었습니다.

시간은 마치 파도와 같습니다. 파도가 치면, 파도에 휩쓸리든지 멋지게 파도를 타며 서핑을 즐기든지 할 뿐이죠. 시간의 리듬에 따라 우리 자신을 관리할 수 있을 뿐입니다. 전도자는 말합니다.

사람이 애쓴다고 해서, 이런 일에 무엇을 더 보탤 수 있겠는가? 이
제 보니, 이 모든 것은, 하나님이 사람에게 수고하라고 지우신 짐
이다(3:9, 10).

## 통제할 수 없는 것들이 있음을 인정하라

전도자는 모든 일에 다 때가 있으며, 우리는 그 때를 통제할 수 없다
고 말합니다. '태어날 때'가 있고 '죽을 때'가 있습니다. 우리는 그 '때'
를 통제할 수 없습니다. '심을 때'가 있고 '뽑을 때'가 있습니다. 우리
가 심고 뽑는 것 같아 보이지만, 심을 때에 심어야 하고, 뽑을 때에
뽑아야 합니다. 그러지 않으면 농사를 망치게 되지요. 우리가 시간
을 통제하는 것이 아니라 시간의 흐름에 우리를 맞춰야 합니다.

'죽일 때'가 있고 '살릴 때'가 있습니다. 하나님이 심판하실 때가
있고, 치료하셔서 회복하실 때가 있습니다. '허물 때'가 있고 '세울
때'도 있습니다. 원수이던 나라가 우방이 되기도 하고, 우방이던 나
라가 원수가 되기도 한다는 뜻입니다. 인간관계에서도 경쟁자가 친
구가 되기도 하고, 친구가 원수가 되기도 합니다.

'울 때'가 있고 '웃을 때'도 있습니다. '통곡할 때'가 있고 '기뻐 춤
출 때'가 있습니다. 통곡하는 일을 피하고 싶어도 재앙은 불가피하
게 일어나고, 또 살다 보면 슬픔 중에도 기뻐하며 춤출 일들이 생깁
니다. 품 안에 있을 때가 있고, 떠나보내야 할 때가 있습니다. 품 안

그래서 나는, 행복하게 살기로 했다

에 있을 때는 귀찮고 힘들게 느껴지던 아이들이 어느덧 커서 떠나보내야 할 때는 왜 그렇게 서운한지요.

필요 없다고 '돌을 흩어 버릴 때'가 있고, 또 필요해서 '모아들일 때'가 있습니다. 중요하지 않게 여기던 것들이 어느 순간 소중하게 다가오고, 소중하지 않던 관계들이 어느 날 가장 소중하게 곁을 지킬 때도 있습니다. '간직할 때'가 있는가 하면, '버릴 때'도 있습니다. 간직할 때는 영원히 소중할 거라고 믿지만, 버릴 때는 쓸데없어지게 됩니다. 헤어진 연인이 준 소소한 선물 같은 것들 말입니다. '전쟁을 치를 때'가 있고 '평화를 누릴 때'도 있습니다.

이 모든 일은 통제할 수 없습니다. 이런 일들은 우리가 원하는 때에 원하는 방식으로 일어나 주지 않습니다. 발생하는 일들에 응답만 할 수 있을 뿐입니다. 전도자는 말합니다. "사람이 애쓴다고 해서, 이런 일에 무엇을 더 보탤 수 있겠는가?"(3:9) 이 일들은 주님의 뜻과 의지에 따라 일어납니다. 이해를 위해 10절과 11절을 공동번역으로 읽어 보겠습니다.

그래서 하느님께서 사람에게 시키신 일을 생각해 보았더니, 하느님께서는 모든 것이 제때에 알맞게 맞아 들어가도록 만드셨더라. 그러나 하느님께서 사람에게 역사의 수수께끼를 풀고 싶은 마음을 주셨지만, 하느님께서 어떻게 일을 시작하여 어떻게 일을 끝내실지 아는 사람은 하나도 없다는 것을 나는 알았다.

우리는 일어나는 일들이 어떻게 발생해서 어떤 결말을 지을지 알 수 없습니다. 그 일은 오직 하나님만 아십니다. 지혜는 원하거나 원하지 않은 때에 우리가 통제할 수 없는 일들이 그저 일어나는 것을 인정하는 것입니다. 이 사실을 받아들이면, 우리는 미련이나 두려움 없이 기뻐할 때 기뻐하고, 슬퍼할 때 슬퍼할 수 있습니다. 만남을 감사하고, 이별을 좋은 추억 속에서 회상할 수 있습니다. 불가항력으로 닥쳐오는 불행을 수용하고, 우리에게 주어진 행복에 기뻐할 수 있습니다.

우리는 불행한 시간이 지나가야 행복해질 수 있다고 믿습니다. 그러나 "불행 끝, 행복 시작"이 아닙니다. 우리는 불행해 보이는 시간을 지나면서도 행복한 삶을 선택할 수 있습니다. 고난의 시절이 지나야만 행복해질 수 있는 것이 아닙니다. 우리는 고난 속에서도 기뻐하며 살 수 있습니다. 해서, 바울은 고난 중에도 기뻐하라고 명령한 것입니다. "주님 안에서 항상 기뻐하십시오. 다시 말합니다. 기뻐하십시오"(빌 4:4). 젊음이 다 지나갔다고 불행해지는 것도 아닙니다. 늙어 가는 중에도 하나님이 허락하신 지금 여기의 행복을 충만하게 누릴 수 있습니다. 가난하고 어려운 시절이 지나가야 행복해지는 것도 아닙니다. 경기가 어려워지고 힘든 시기가 닥쳐오는 것은 우리 힘으로 통제할 수 없습니다. 그러나 우리는 궁핍 속에서도, 궁핍함과 더불어 지금 여기에서 행복할 수 있습니다.

그 비결은 바로 우리에게 주어진 '때', 바로 지금 여기에서의 일상을 누리며 사는 것입니다.

그래서 나는, 행복하게 살기로 했다

이제 나는 깨닫는다. 기쁘게 사는 것, 살면서 좋은 일을 하는 것, 사람에게 이보다 더 좋은 것이 무엇이랴! 사람이 먹을 수 있고, 마실 수 있고, 하는 일에 만족을 누릴 수 있다면, 이것이야말로 하나님이 주신 은총이다(3:12, 13).

## 지금 우리가 할 수 있는 일을 하라

우리에게 들이닥치는 이런 일들의 시작과 끝은 하나님에게 달린 일입니다. 우리는 이 모든 일의 시작과 결국을 알고 싶지만, "사람은 하나님이 하시는 일을 처음부터 끝까지 이해할 수가 없[습니다]" (3:11b, 현대인의성경). 우리는 그저 이 시간들을 맞이할 뿐입니다. 들이닥치는 이 모든 때를 우리가 통제할 수 없다면, 지혜는 무엇일까요? 주님에게 맡겨 버리는 것입니다. 그리고 우리가 할 수 있는 일을 하는 것입니다.

하버드 대학의 긍정 심리학자 탈 벤-샤하르(Tal Ben-Shahar)는 「완벽의 추구」(위즈덤하우스 역간)라는 책에서 사람들이 행복하지 않은 이유가 자신의 인생을 완벽하게 통제하려는 시도에서 비롯된다고 말합니다. 그는 '완벽주의자'(perfectionist)가 되지 말고, '최적주의자' (optimalist)가 되라고 말합니다.

완벽주의자는 실패를 인정하지 않습니다. 실패하지 않았다고 변명하거나, 실패하지 않기 위해 삶을 완벽하게 통제하려 합니다. 실패할 일은 아예 시도하지 않거나, 실패하지 않기 위해 사는 것이죠. 반면, 최적주의자는 실패할 수 있다고 생각하고, 실패를 통해서 배웁니다. 실패를 인정하고, 고칠 점을 찾고, 자신을 고쳐 나갑니다. 도전할 만한 일이라면 실패를 예상하지만 모험을 시도하고, 실패하더라도 그것을 통해 배워 나가는 것입니다.

완벽주의자는 부정적인 감정을 통제하려 합니다. 불행한 일은 일어나서는 안 된다고 믿기에 불행을 받아들이지 못합니다. 슬픔, 분노, 우울, 이런 감정은 느껴서는 안 되는 감정이기에 자신을 슬프게 하거나 화나게 하는 대상이 사라져야 한다고 믿습니다. 반면, 최적주의자는 부정적인 감정을 인정합니다. 슬픔과 고통을 받아들이며 치유를 경험합니다.

완벽주의자는 성공을 즐기지 못합니다. 계속 노력하지만 기뻐하지 못합니다. 더 잘해야 하니까요. 최적주의자는 성공을 받아들이고 소소한 성취를 기뻐합니다. 작은 성공을 기뻐할 줄 아는 것이죠. 사람들의 변화를 위해 노력하고 있습니까? 그러면 사람들 속에 일어나는 작은 변화를 관찰할 줄 알아야 합니다. 우리가 섬기는 이들 가운데 일어나는 작은 변화에 크게 기뻐하고 즐거워하십시오. 그에게 큰 변화가 일어나지 않았다고 슬퍼하거나 자신의 노력을 폄하하지 마십시오. 모든 영역에서, 당신이 일으킨 작은 변화를 즐거워하고 기뻐하십시오.

완벽주의자는 현실을 받아들이지 못합니다. 자신이 처한 환경, 힘의 불균형, 자신이 보유한 자원, 하나님이 주신 재능과 관계망, 이 모든 것이 완벽하게 갖추어지지 않았다는 생각이 들면 자신이 가진 모든 것을 부정합니다. 그러나 최적주의자는 현실을 인정합니다. 하나님이 자신에게 주신 것들에서 시작합니다. 그리고 차근차근 하나씩 필요한 것들을 갖추어 갑니다.

파도를 보내시는 분은 하나님이지만, 그 파도에 휩쓸려 떠내려 갈지, 그 파도를 멋지게 타는 서퍼가 될지는 우리에게 달린 일입니다. 하나님은 때로 커다란 파도를 보내기도 하시고, 또 때로 잔잔한 파도를 보내기도 하십니다. 하나님이 보내시는 파도와 함께 우리는 우리가 할 수 있는 일을 하면 됩니다. 우리에게 주어진 인생을 완벽하게 '통제'하려고 하지 말고, 할 수 있는 일을 즐기며 하라는 이야기입니다.


### 사랑하는 사람들과 함께
### 자신을 행복하게 하는 일을 하며 기쁘게 살라

허면, 통제할 수 없는 일들이 들이닥칠 때, 우리가 할 수 있는 일은 무엇일까요? 고대의 현자는 이렇게 말합니다.

이제 나는 깨닫는다. 기쁘게 사는 것, 살면서 좋은 일을 하는 것, 사람에게 이보다 더 좋은 것이 무엇이랴! 사람이 먹을 수 있고, 마실 수 있고, 하는 일에 만족을 누릴 수 있다면, 이것이야말로 하나님이 주신 은총이다(3:12, 13).

지혜자의 대답은 "기쁘게 사는 것, 살면서 좋은 일을 하는 것"입니다. "좋은 일을 하는 것"이라는 말의 원래 의미는 '선한 것(좋은 것)을 경험하며 사는 것'입니다. '선한 것'이라고 번역된 히브리어는 '토브'인데, 이 단어는 하나님이 세상을 창조하시고 "보시기에 좋았다"고 하셨을 때 '좋았다'로 번역된 말입니다. 이 단어는 자주 '행복'으로 번역되기도 합니다. 즉, 우리가 통제할 수 없는 일이 예기치 않은 때에 일어날 수밖에 없다면, 기쁘고 행복하게 살기를 선택하는 것이 지혜입니다. 그러면 어떻게 '선한 것', 즉 행복을 경험하며 살 수 있을까요?

하버드 대학에서 1938년부터 75년간 남성 724명의 삶을 추적하여 어떤 사람이 행복한지를 연구했습니다. 테드(TED)에서 이 내용을 강의한 사람은 4대째 연구자이자 정신과 의사인 로버트 월딩거(Robert J. Waldinger)입니다. 처음 연구 대상이 된 사람들은 보스턴의 빈민가 아이들과 하버드 대학 2학년 학생들이었습니다. 그들의 인생을 추적해 본 결과, 인생을 행복하게 만드는 것은 부와 명예가 아니라 좋은 관계라는 것을 발견했습니다. 사람들과 건강하게 연결되어 있는 사람들이 육체적으로 더 건강하고 행복하더라는 것입니다.

그러나 고립되어 있는 사람들은 덜 행복하며, 중년기에는 건강이 나빠지고 뇌 기능도 급격히 저하된다고 합니다. 친구의 수는 중요하지 않습니다. 소수일지라도 의지할 수 있는 관계를 형성한 사

그래서 나는, 행복하게 살기로 했다

람이 행복하고 건강했습니다. 50대에 관계에 대한 만족도가 높은 사람이 80대에도 행복합니다.

좋은 관계는 육체뿐 아니라 정신도 건강하게 만듭니다. 힘들 때 의지가 되어 줄 것이라고 믿을 만한 사람이 곁에 있는 이들이 기억력도 훨씬 오래가고 육체적으로도 건강했습니다. 그렇지 않은 사람들의 기억력은 빨리 감퇴했습니다. 많이 다투더라도 이 사람이 의지가 되어 줄 것이라고 믿는 사람들은 건강하고 행복했습니다. 75년간 연구를 통해 거듭 드러난 사실은 인간관계를 소중하게 여기고 자신이 의지할 가족과 친구, 공동체가 있는 사람이 가장 행복했다는 것입니다.

통제할 수 없는 것을 통제하려 들지 마십시오. 라인홀드 니버(Reinhold Niebuhr)는 이렇게 기도했습니다.

> "주여, 우리에게 우리가 바꿀 수 없는 것을 평온하게 받아들이는 은혜와, 바꿔야 할 것을 바꿀 수 있는 용기, 그리고 이 둘을 분별하는 지혜를 허락하소서."

바꿀 수 있는 것과 바꿀 수 없는 것을 분별하고, 바꿀 수 없는 것은 받아들이는 것이 지혜입니다. 또한 사랑하는 사람들과 함께 즐겁고 행복한 일들을 하며 사는 것이 지혜입니다. 그것은 우리가 할 수 있는 일이니까요.

행복한 부부는 함께 기쁘고 즐거운 일들을 기획하고 실행합니다. 허나, 많은 부부가 자신이 받은 상처와 부당함에 사로잡혀 있습니다. 누가 옳고 누가 잘못했는지를 따지는 데 대부분의 시간을 허비합니다. 부정적인 감정이 점점 쌓여 갑니다. 그런 부부일수록 부정적인 감정은 잠시 제쳐두고 함께 즐거운 시간을 많이 보내야 합니다. 아름다운 곳으로 함께 여행도 가고, 맛있는 것도 먹고, 재밌는 영화도 보고, 멋지게 차려입고 예쁜 카페에 가서 달콤한 디저트도 함께 하는 겁니다. 행복한 경험이 쌓이면, 부정적인 감정을 다루기도 쉬워집니다. 지혜란 이런 것입니다.

내가 바꿀 수 없는 것 때문에 밤잠 설치지 말고, 이미 떠나가 버린 것에 미련 두지 말고, 올지 안 올지 모르는 미지의 것들 때문에 불안에 떨지 말고, 지금 여기에서 사랑하는 사람들과 함께 먹고 마시고 즐겁게 사십시오. 지혜로운 사람은 지금 곁에 있는 사람들과 행복한 경험을 많이 나눕니다. 사랑하는 이들과 함께하는 좋은 경험이 우리를 행복하게 합니다. 전도자는 말합니다. "행복하려면, 지금 여기에서 사랑하는 이들과 함께 기뻐하는 일을 하며 먹고, 마시고, 즐겁게 살라."


## 하나님의 목적을 이루기 위한
### 하나님의 때가 있다는 것을 신뢰하라

통제할 수 없는 인생이지만, 전도자가 확신하는 것 한 가지가 있습니다. 하나님이 자신의 목적에 따라 하나님의 시간에 이러한 일들이 일어나게 하신다는 것입니다. 우리는 시간을 다스리시는 하나님의 계획을 다 알지 못합니다. 이런 일들과 사건이 왜 지금 우리에게 닥치는지를 유한한 우리는 알 수 없지만, 모든 일은 하나님의 계획과 목적을 위해 발생한다는 것입니다.

> 하나님은 모든 것이 제때에 알맞게 일어나도록 만드셨다(3:11).

심지어 정의가 있어야 할 곳에 불의가 있고 공의가 있어야 할 곳에 악이 있는, 이해할 수 없는 이 세상 현실 속에서 전도자는 하나님의 심판이 있을 것이라는 사실을 확신합니다.

> 나는 세상에서 또 다른 것을 보았다. 재판하는 곳에 악이 있고, 공의가 있어야 할 곳에 악이 있다. 나는 마음속으로 생각하였다. "의인도 악인도 하나님이 심판하실 것이다. 모든 일에는 때가 있고, 모든 행위는 심판받을 때가 있기 때문이다"(3:16, 17).

여전히 불의하고 악한 현실 속에서 우리는 쉽게 분노하거나 좌절합니다. 그러나 하나님이 그분의 때에 그분이 목적하신 바를 이루신다는 것을 믿는다면, 하나님이 열매를 주시지 않을지라도, 눈에 보이는 결실이 없을지라도 우리는 하나님이 부르신 자리에서 최선을 다해 살아갈 수 있습니다.

우리가 살아가는 삶의 이야기가 하나님의 이야기에 연결될 때, 하나님은 우리의 수고를 통해 하나님의 때에 하나님이 원하시는 열매를 거두실 것입니다. 우리 삶은 결코 허무해지지 않을 것입니다. 사도 바울은 이 사실을 잘 알았습니다.

> 그러므로 내 사랑하는 형제들아 견실하며 흔들리지 말고 항상 주의 일에 힘쓰는 자들이 되라 이는 너희 수고가 주 안에서 헛되지 않은 줄을 앎이라(고전 15:58, 개역개정).

바울은 우리 삶의 성공과 실패가 우리가 성취한 것에 달려 있다고 말하지 않습니다. 제가 간사로 섬긴 1980-1990년대의 IVF는 그야말로 전설이 되었습니다. 캠퍼스마다 매주 수백 명의 학생이 강당에서 찬양하고, 하나님 말씀을 듣고, 캠퍼스 복음화를 위해 뜨겁게 기도했습니다. 매일 아침마다 기도회에 100여 명의 학생이 모여 비가 오나 눈이 오나 함께 기도했습니다. 그때 우리는 우리가 지혜롭게 열심히 사역해서 그런 줄 알았습니다. 그런데 돌아보니, 우리는 하나님의 부흥의 시간대에 있던 것뿐이었습니다.

지금은 IVF를 포함하여 많은 대학생 선교 단체의 학생 수가 정말 많이 줄어들었습니다. 하나님이 그렇게 하신 것입니다. 우리는 미래를 통제하고 싶어 합니다. 해서, 우리가 어떤 노력과 조건을 갖추면 부흥이 올 것이라고 착각합니다. 아닙니다. 고대의 현자는 말합니다. "이 모든 일은 하나님의 뜻과 계획 속에서 일어난다"고 말이지요. 하나님이 지금 이때를 허락하셨다면, 우리가 할 일은 무엇이겠습니까? 그것은 하나님이 주신 사람들과 함께 '먹고, 마시고, 즐겁게 일하는 것'입니다.

하나님은 하나님의 때에 하나님이 목적하신 바를 이루실 것입니다. 그러므로 우리는 지금 우리가 할 일을 합시다. 우리가 하는 일을 즐기고, 하나님이 주신 사람들과 기쁘게 일하며, 먹고 마시고 즐거워합시다.

## 4장

# 무의미한 노동

### 타락한 일터에서 행복을 찾을 수 있을까?

전도서 4장

불의한 일터에서도 좋은 관계를 만들고, 좋은 관계 속에서 일하는 법을 배우며, 서로 책임지고 의지하는 우정을 개발하고, 그들을 섬기기 위해 일할 때 우리의 일은 행복해질 수 있습니다. 그리할 때, 허무하고 불의한 일터라 할지라도 우리는 학대와 폭력이 가득한 세상에 맞서 함께 싸울 수 있는 힘을 얻고, 위로와 격려를 주고받을 수 있습니다.

아버지는 못 고치는 물건이 없으셨습니다. 의자, 자전거, 수도 배관, 창틀, 문고리처럼 단순한 것뿐 아니라 시계, 라디오, 텔레비전 같은 것도 어디가 고장인지 척 알아보시고 멀쩡하게 고쳐 놓으셨습니다. 집 안에 필요한 물건은 아예 직접 만들어 쓰셨는데, 선반, 입식 세숫대야, 탁자, 의자, 자전거 뒤 장바구니 등, 아버지가 무언가를 창조해 내실 때마다 어머니는 자식들 앞에서 입에 침이 마르도록 아버지를 칭찬하셨습니다. "느그 아부지는 못 고치는 게 없데이. 느그 아부지 대단하제?" 이 말을 들으시고 별 반응은 없으셨지만 아버지는 무척 행복해하셨습니다.

하나님은 태초에 사람을 창조하시고, 일과 권세, 그리고 공동체를 주셨습니다. 아담에게 주어진 '일'은 에덴동산을 경작하고, 모든 만물에 이름을 붙이는 일, 즉 언어를 만드는 것이었습니다. 하나님은 그들에게 땅을 다스리는 '권세'를 주시고, 생육하고 번성하라 명하셨습니다. 땅을 다스리는 자가 되어 하나님의 뜻을 실현해야 할 책임이 그들에게 주어진 것입니다. 또한 하나님은 아담과 친밀한 '관계'를 맺을 배필을 창조하셔서 서로 돕는 자가 되게 하셨습니다. 아담은 자신이 누리는 친밀감을 "이는 내 뼈 중의 뼈요 살 중의 살이라"(창 2:23, 개역개정)고 고백했습니다. 이웃을 자신의 몸과 같이 사랑하는 공동체를 세우는 것이 그들에게 주어진 사명이었습니다.

## 일과 권력, 그리고 공동체

전도자는 이제 일과 권력, 그리고 공동체의 상호 관계를 다룹니다. 이 세 가지는 사람이 행복하게 살아가는 데 반드시 필요한 요인입니다. 일에서 보람을 느끼지 못하거나 관계가 깨지면 사람은 불행해집니다. 권력은 사람들을 행복하게 혹은 불행하게 만드는 가장 중요한 요인 중 하나라 할 수 있습니다. 폭압적인 독재자에게 지배당하며 살아가는 사람들의 삶은 피폐해질 수밖에 없지요.

창세기에 따르면, 사람은 일을 통해 하나님이 행하신 창조를 계승합니다. 사람은 일에서 큰 보람을 느낍니다. 또한 자신이 하는 일로 누군가를 섬기며 자신의 존재 의미를 발견하기도 합니다. 일을 잘하는 사람의 자존감은 높습니다. 반면, 하는 일에 만족하지 못하거나 일에서 의미를 발견하지 못하는 사람은 방황하게 됩니다.

인간 공동체 안에서 누리는 친밀한 관계는 삶을 풍성하게 합니다. 사람은 '함께' 먹고, 마시고, 놀며, 사랑할 때 행복하다고 느낍니다. 고립된 사람이 행복할 가능성은 매우 낮습니다. 홀로 사는 사람보다 함께 사는 사람이 행복 지수가 더 높고, 더 건강하고, 더 오래 산다고 합니다. 해서, 우정과 사랑에 실패한 사람들은 좌절을 겪습니다. 깨어진 가정은 사람을 불행하게 만들 가능성이 높습니다. 헤

그래서 나는, 행복하게 살기로 했다

어진 연인들의 마음에는 남극에서나 부는 찬바람이 불어댑니다.

권력은 일과 관계를 지배합니다. 하나님이 노아 시대 사람들을 홍수로 멸망시키신 것은 권력을 가진 이들의 탐욕과 폭력 때문이었습니다. "그때에 온 땅이 하나님 앞에 부패하여 포악함이 땅에 가득한지라"(창 6:11, 개역개정). "하나님의 아들들"이라 불린 권력자들은 자신의 욕망을 따라 제 눈에 보이는 아름다운 여자들을 자신의 소유로 삼았고, 힘 있는 자들은 폭력으로 온 세상을 부패시켰습니다. 이스라엘 백성은 애굽에서 오랫동안 과도한 노동에 시달리며 학대당했습니다.

악한 권력은 일터를 차별과 학대의 현장으로 부패시킵니다. 또한 권위적이고 억압적인 위계를 만들어 사람들을 지배하려 듭니다. 반면, 선하고 지혜로운 권력은 일의 세계를 공정하게 만듭니다. 사람들은 일한 만큼 충분한 보상을 받고, 협력을 통해 구성원의 잠재력을 이끌어 냅니다. 그러나 악한 권력 아래에서는 행복하기가 쉽지 않습니다.

## 저주받은 일

하나님을 떠난 세상에서 일은 저주를 받았습니다. 저주받은 것은 일 자체라기보다는 일의 세계라고 할 수 있습니다. 하나님에게 반역한 첫 사람들은 스스로 하나님이 되어 하나님 없이 살기로 결정하고는 선악과를 따 먹습니다. 그것은 하나님 없이 살겠다는 결단의 표현인 셈이죠. 하나님은 그들에게 이후에 일어날 일을 알려 주셨습니다.

> 내가 너에게 먹지 말라고 한 그 나무의 열매를 먹었으니, 이제, 땅이 너 때문에 저주를 받을 것이다. 너는, 죽는 날까지 수고를 하여야만, 땅에서 나는 것을 먹을 수 있을 것이다. 땅은 너에게 가시덤불과 엉겅퀴를 낼 것이다(창 3:17, 18).

하나님의 통치에서 스스로 벗어난 인류에게 주어진 형벌은 바로 일의 세계, 즉 노동의 현실에 관한 것이었습니다. 그들이 살아가야 하는 땅이 가시덤불과 엉겅퀴를 낼 것이라는 말씀은 일의 세계가 해 아래 통치자들로 말미암아 억압과 학대의 세계로 타락할 것이라는 뜻입니다. 땀을 흘려야, 즉 고단한 노동을 통해서만 생존할 수 있다는 말도 마찬가지입니다. 가시덤불과 엉겅퀴는 고통을 의미합니다. 이제 일은 행복과 기쁨의 원천이 될 수 없습니다. 인간이 하나님을 떠나 스스로 권력을 행사하자, 일의 세계는 억압과 폭력의 세계로 타락하고 만 것입니다. 전도자는 이렇게 말합니다.

> 나는 또 세상에서 벌어지는 온갖 억압을 보았다. 억눌리는 사람들이 눈물을 흘려도, 그들을 위로하는 사람이 없다. 억누르는 사람들은 폭력을 휘두르는데, 억눌리는 사람들을 위로하는 사람이

그래서 나는, 행복하게 살기로 했다

없다(4:1).

바르톨로뮤의 「전도서 주석」에 따르면, 고대 사회에서는 특히 권력자들에 의해 하위 계층 사람들이 많은 학대를 받았습니다. 권력자들은 주로 채무 관계에서 빚을 갚지 못한 가난한 하위 계층 사람들을 학대했습니다. 빚을 갚지 못하면, 온 가족이 노예로 팔려가는 신세가 되기도 했습니다. 이것이 해 아래 세상에서 벌어지는 일들입니다. 일의 세계는 악한 권력자들에 의해 사정없이 짓밟혔습니다.

지금이라고 다르지 않습니다. 마다가스카르의 어린이들은 아침 일찍 일어나 학교가 아닌 채석장으로 갑니다. 페루의 어린이들은 가계에 보탬이 되기 위해 온종일 축구공을 꿰맵니다. 필리핀의 가난한 아이들도 하루 벌어 하루 먹고살기 위해 물통을 지고 온종일 땀을 흘리며 일합니다.

앞에서 열거한 사례들과 비교할 수는 없지만, 주변의 젊은이들의 삶을 보면 안타까울 때가 많습니다. 아침부터 저녁 늦게까지 일하고 집에 들어와서 씻고 좀 쉬려고 하면 벌써 취침 시간입니다. 아이라도 있으면 직장의 퇴근이 육아를 위한 출근으로 이어지는 셈이지요. 그렇게 일해도 하루하루 사는 것이 빠듯합니다. 그런데도 권력자들은 더 많이 일해야 한다고 지껄입니다. 그렇게 일해도, 노동에서 자유를 얻을 날이 올지 알 수가 없습니다.

사정이 이러한데도 위로자가 없습니다. 자끄 엘륄은 위로가 없는 것이 아니라 '위로하는 사람'이 없다는 사실에 주목합니다. 이 상황을 바꿀 수 있는 사람이 없다는 점에서 인류의 상황은 절망적입니다. 어느 정도냐 하면, 차라리 이런 억압과 폭력의 현실을 떠나 죽은 이들과 태어나지 않은 아이들이 더 복되다고 할 정도입니다.

> 그래서 나는, 아직 살아 숨 쉬는 사람보다는, 이미 숨이 넘어가 죽은 사람이 더 복되다고 말하였다. 그리고 이 둘보다는, 아직 태어나지 않아서 세상에서 저질러지는 온갖 못된 일을 못 본 사람이 더 낫다고 하였다(4:2, 3).

전도자는 억압당하는 자들을 위한 '위로자'가 없다고 한탄합니다. 전도자의 한탄은 마치 "누가 그들의 위로자가 되어 줄 수 있을까?"라는 질문으로 들립니다. 누가 그들의 위로자가 되어 줄 수 있을까요? 해 아래 세상에는 위로자가 없습니다. 참으로 슬픈 일입니다.

우리는 해 위 세상, 즉 하나님에게서 희망을 찾아야 합니다. 고대 히브리인들은 악한 애굽 왕 바로에 의해 국가 노예로 전락해서 매일 같이 희망 없는 중노동과 학대에 시달려야 했습니다. 하나님은 그들을 그 중노동에서 해방시키십니다.

> "이집트 사람이 우리를 학대하며 괴롭게 하며, 우리에게 강제노동을 시켰습니다. 그래서 우리가 주 우리 조상의 하나님께 살려 달라고 부르짖었더니, 주님께서 우리의 울부짖음을 들으시고, 우리가 비참하게 사는 것과 고역에 시달리는 것과 억압에 짓눌

그래서 나는, 행복하게 살기로 했다

려 있는 것을 보시고, 강한 손과 편 팔과 큰 위엄과 이적과 기사로, 우리를 이집트에서 인도하여 내셨습니다. 주님께서 우리를 이곳으로 인도하셔서, 이 땅 곧 젖과 꿀이 흐르는 땅을 우리에게 주셨습니다"(신 26:6-9).

해 아래 세상에서 살아가는 백성에게는 하늘의 새로운 질서가 필요합니다. 하나님은 그들에게 안식일 계명을 주십니다. 하나님의 백성은 하나님의 명령에 따라 안식일을 기억하고 모든 노동을 멈추고 쉬어야 합니다. 권력자들은 이날에도 노예와 일꾼에게 일을 시켜서 더 많은 이익을 내고 싶겠지만, 하나님은 이날 아무도 일할 수 없다고 엄중하게 명령하셨습니다. 이날 일하는 사람은 돌에 맞아 죽을 것입니다(민 15:35 참조). 월터 브루그만은 「안식일은 저항이다」(복있는사람 역간)에서 안식일을 지키는 것은 노동자들을 억압하고 학대하는 세상 권력에 대한 저항 행위라고 설파하였습니다.

주님은 말씀하십니다. "슬퍼하는 사람은 복이 있다. 하나님이 그들을 위로하실 것이다"(마 5:4). 메시아 예수께서 해 아래 세상으로 하늘나라를 이끌고 땅으로 오셨으니, 그분을 따르는 그리스도인은 이 땅에 하늘의 새로운 질서를 창조하기 위해 노력해야 합니다. 그리고 이 일은 특별히 그리스도를 따르는 정치가와 기업가, 그리고 많은 권력을 가진 이들이 노동자에게 '위로자'가 되는 길을 찾을 때 성취될 수 있을 것입니다.

# 성공하기 위해 하는 일

전도자는 인간의 모든 노력과 성취가 사람 사이에 갖는 경쟁심에서 비롯된다고 말합니다. "나는 또 사람들이 열심히 일하여 성공하고자 하는 동기가 자기 이웃에 대한 시기 때문인 것을 알았다"(4:4, 현대인의 성경). 사람들이 열심히 일하는 동기가 바로 '시기심'과 '경쟁심'이라는 것입니다. 해서, 일의 세계에서는 경쟁과 시기에서 비롯된 대립과 반목, 분쟁이 늘 일어납니다. 각종 음모와 모함, 부하 직원의 아이디어와 공로 가로채기, 유능한 경쟁자 제거하기, 권모술수, 권력자에 대한 아첨과 사내 정치가 난무하는 세계가 인간의 경쟁심이 만든 일의 세계입니다. 게다가 권력자들은 부하 직원들을 경쟁시켜서 서로 대립하게 만듭니다. 하여, 자끄 엘륄은 그의 책 「존재의 이유」(대장간 역간)에서 성공과 성취에 대한 욕망이 불화의 원천이며 갈등의 시초라고 말합니다.

르네 지라르(René Girard)는 인간이 타인의 욕망을 욕망하는 존재라고 말했습니다. 즉 인간의 욕망은 모방 욕망이라는 것이죠. 서로의 욕망을 욕망하다 보면 모두 같은 것을 욕망하게 되고, 욕망하는 것을 쟁취하는 과정에서 무차별적인 폭력이 발생합니다. 그 결과 공동체는 파멸할 위기를 맞게 된다는 것입니다.

전 세계인이 열광한 넷플릭스 드라마 〈오징어 게임〉에서 설계자 오일남(오영수 분)은 이렇게 외칩니다. "이러다 다 죽어!" 어마어마한 상금을 차지하기 위해 서로를 속이고 죽여야 하는 오징어 게임 참

그래서 나는, 행복하게 살기로 했다

가자들은 무한 경쟁의 법칙에 순응해야 합니다. 그들은 모두 동일한 목표를 향해 목숨 건 게임에 참여합니다. 이 세계가 〈오징어 게임〉에서 보여 주는 세계와 다르지 않다면, 승자나 패자 모두 불행할 수밖에 없을 것입니다.

모두가 선망한다고 믿는 지역에 집을 사고, 사람들의 탄성이 터져 나오는 자동차를 몰고, 사람들의 시선을 잡아 끄는 멋진 몸매를 소유하기 위해 땀을 흘리고, 성공을 향해 모든 사람이 질주하는 세상은 결코 사람들을 행복하게 할 수 없습니다. 하여, 전도자는 말합니다. "이 수고도 헛되고, 바람을 잡으려는 것과 같다"(4:4).

허면, 일은 아무것도 아닐까요? 일은 필요합니다. 비록 일의 세계가 탐욕과 학대로 물들어 있지만, 여전히 일은 하나님이 우리를 축복하시는 도구이고, 하나님의 창조를 계승하는 수단이며, 이웃을 사랑하는 통로입니다.

어떤 이들은 일하기를 싫어합니다. "어리석은 사람은 팔짱을 끼고 앉아서, 제 몸만 축낸다"(4:5). '팔짱을 낀다'는 표현은 일하기를 싫어한다는 뜻입니다. 노동이 처한 현실이 부조리하고 이기적인 욕망으로 오염되어 있긴 하지만, 그럼에도 일하지 않는다면 자신을 파괴할 뿐입니다. 현대인의성경은 이 구절을 이렇게 번역합니다. "팔짱을 끼고 스스로 굶어 죽는 바보가 있을지 모른다."

전도자는 경쟁심과 시기심에 눈이 멀어 일의 노예로 사는 삶이나 부조리하고 타락한 노동 현실을 개탄하며 아무 일도 하지 않는 삶보다 나은 삶이 있다고 제안합니다.

별로 가진 것은 없지만 마음이 편안한 것이 많은 것을 가지고도 정신없이 일하며 바람을 잡으려는 것보다는 낫다(4:6, 현대인의 성경).

## 일이 전부인 인생

전도자는 세상에서 헛된 것을 또 보았다고 말합니다. 한 남자가 있는데, 그는 자식도, 형제도 없이 혼자 삽니다. 그러나 그는 쉬지 않고 일만 하며 삽니다. 그렇게 해서 모은 재산도 그의 눈에는 차지 않는다는군요. 그러면서도 그는 가끔 '어찌하여 나는 즐기지도 못하고 사는가? 도대체 내가 누구 때문에 이 수고를 하는가?' 하고 말한답니다(4:7, 8). 그리고 나서 전도자는 "그의 수고도 헛되고, 부질없는 일이다"(4:8)라고 한탄합니다.

영화 〈애드 아스트라〉에서 로이(브래드 피트 분)의 아버지는 지적 생명체를 찾아 우주를 향해 나아갑니다. 해왕성 부근에서 함께 일하던 부하 직원들이 생존의 위협을 느끼자, 임무를 포기하고 돌아가자고 반란을 일으킵니다. 로이의 아버지는 그들을 한 격실로 몰아넣고 생명 유지 장치를 꺼서 그들을 몰살시킵니다.

로이의 아버지가 일으킨 사고로 지구가 파괴될 위험에 처하자 아들인 로이는 아버지를 설득해서 돌아오라는 명령을 받고 지구를 떠납니다. 로이는 지구의 일상이 무의미하고 허무합니다. 심박 수가 80을 넘으면 안 되는, 개인적인 감정은 절제해야 하는 일의 세계입니다. 그러나 그는 자신을 버리고 떠난 아버지를 찾는 과정에서 결국 개인적인 감정을 드러내고 임무에서 배제됩니다. 개인적인 감정을 갖는 것이 금지된 현대의 일의 세계를 보여 줍니다.

아버지를 만난 로이는 문제를 해결하고 아버지와 함께 지구로 귀환하기를 원하지만, 오랫동안 고독하게 지낸 아버지는 미쳐 있었습니다. 아버지는 아들과의 연결선을 끊고, 지적 생명체를 찾아 더 깊은 우주로 들어가 자신을 고립시킵니다.

영화에서 아버지는 인생의 비밀을 밝히기 위해 자신의 전 생애를 그 일에 바칩니다. 그에게는 자신의 일보다 소중한 것이 없습니다. 심지어 자신의 생명도, 생사고락을 함께한 동료들도 그 일의 의미보다 중요하지 않습니다. 그는 자신의 일을 위해서라면 죽을 각오뿐 아니라 죽일 각오까지 되어 있는 사람입니다.

전도서는 이 아버지의 삶을 어떻게 평가할까요? 그렇습니다. "이것도 다 헛되며, 불행한 일이다." 영화 평론가 이동진은 이 영화의 메시지를 이렇게 평가합니다. "이 영화는 인생에서 '의미'라는 것이 없을 수 있다는 걸 이야기한다. 그러나 인생에서 의미가 없어도 훌륭한 인생을 살 수 있다"는 것이 제임스 그레이 감독이 하고자 한 이야기라고 말합니다.

임무를 완수하지 못한 로이는 싫어하는 커피를 내려 마시고, 떠나온 아내 곁으로 돌아갑니다. 그가 추구한 '위대한 업적'을 포기하고, 경멸하던 일상의 삶으로 돌아갑니다.

아버지는 멀고 낯선 세계를 누구보다 섬세하게 기록했다. ……
아버지는 없는 것만 찾았고 눈앞에 있는 건 보지 못했다. ……
"잠도 푹 잤죠, 악몽 없이. 삶의 의욕을 느껴요. 내 주변 상황에
주의를 더 기울이고 관심을 갖게 됐어요. …… 삶이 어디로 흘러
갈진 모르지만 걱정하지 않아요. 가까운 사람들과 의지하며 살
면 되죠. 난 그들의 짐을 나누고, 그들은 내 짐을 나눌 거예요. 난
살아갈 거고 사랑할 겁니다."

일과 노동은 인생의 전부가 아닙니다. 일은 우리의 모든 것을 바
쳐 헌신할 만한 것이 될 수 없습니다. 그렇다면, 일이란 그저 이 세
상에서 먹고살기 위한 방편에 지나지 않은 것일까요? 어쩔 수 없이
해야 하는 필요악일까요?

사실 이전 세대에게 일은 과대평가되어 있었습니다. 그들은 자
신의 일, 즉 그것이 회사나 조직의 일이든 자신의 사업이든 그 일에
지나치게 헌신했습니다. 그리고 자신들처럼 회사에 자신의 전부를
갈아 넣지 않는 젊은 세대를 한심하게 여기기도 했습니다. 반면, 지
금의 젊은 세대에게 일은 그만한 의미를 갖지 못합니다. 그들이 보
기에 회사나 일에 자신의 전부를 거는 이는 어리석기 그지없는 사
람입니다. 자신의 삶이 더 중요하기 때문입니다.

전도서는 우리에게 일과 노동의 부질없음을 가르치면서도, 우리
가 행복해질 수 있는 길이 또한 일에 있다고 말합니다. 즉, 전도서
는 일에 절대적인 가치를 부여하지 않지만, 일이 아무것도 아니라

고는 말하지 않습니다. 일은 그저 적당한 위치에서 우리 삶을 행복하게 해줄 수 있으면 된다는 것이 전도서의 입장인 셈입니다.


## 공동체로 살라!

지혜는 일이 전부가 아니지만 그렇다고 해서 '아무것도 아닌 것도 아님'을 수용하는 것입니다. 일의 세계는 악한 통치자들에 의해 억압과 착취의 현장이 되어 버렸고, 사람들의 통제되지 않는 탐욕과 경쟁심이 일터를 '오징어 게임'으로 만들어 버렸지만, 우리가 할 수 있는 일이 남아 있습니다. 그것은 함께 좋은 관계를 개발하는 것입니다.

포로수용소라는 특수 상황에서 일이 가진 의미를 잃어버리는 모습을 본 신학자 랭던 길키(Langdon Gilkey)는 「산둥 수용소」(새물결플러스 역간)에서 다음과 같은 이야기를 들려줍니다. 그리고 포로수용소에서 사람들이 하는 일이 무의미해지고 일에 대한 동기도 보람도 잃어버리는 것을 고찰합니다.

> 사람은 스스로 가치 있다고 여기는 목적과, 자신이 속한 활동이나 인간관계가 긴밀하게 연결되어 있을 때 '의미 있다'고 여긴다. 이렇게 되면 매일의 노동은 그가 정말로 중요하게 여기는 목적을 이루는 수단이 되고, 그의 삶과 노동은 그에게 가치 있는 뭔

가를 이루어 주며, 그래서 의미 있는 것이 된다.

일터에서 의미를 찾지 못하고 보람도 동기도 찾지 못한 채 방황하는 것은 우리가 일하는 세계가 불의하고, 공정하지 못하며, 억압과 학대가 가득한 '산둥 수용소'의 현실과 별반 다르지 않기 때문일 것입니다. 장시간 노동, 언제 잘릴지 모르는 불안, 불공정한 처우, 정당한 대가가 지불되지 않는 보상 체계, 오직 경쟁과 시기를 부추기는 관계, 파괴적인 문화, 감정과 인격은 무시되고 오직 결과만으로 말하게 하는 소시오패스적인 기업 문화는 일터에서 일의 의미를 상실하게 합니다.

그러나 그런 상황에서도 우리가 할 수 있는 일이 있습니다. 바로 공동체로 사는 것입니다. 종교 전문 기자인 조현의 말처럼 "혼자 살면 외롭고, 함께 살면 괴롭[기는]" 합니다. 조금 괴롭기는 하지만, 공동체로 함께 살 때 우리는 허무한 직장 생활을 이겨 낼 수 있습니다. 우리의 일이 사랑하는 이들과 연결되고 함께 하나님 나라를 세우기 위해 일할 때, 우리가 하는 일은 비로소 의미를 갖게 됩니다.

혼자보다는 둘이 더 낫다. 두 사람이 함께 일할 때에, 더 좋은 결과를 얻을 수 있기 때문이다. 그 가운데 하나가 넘어지면, 다른 한 사람이 자기의 동무를 일으켜 줄 수 있다. 그러나 혼자 가다가 넘어지면, 딱하게도, 일으켜 줄 사람이 없다. 또 둘이 누우면 따뜻하지만, 혼자라면 어찌 따뜻하겠는가? 혼자 싸우면 지지만,

그래서 나는, 행복하게 살기로 했다

둘이 힘을 합하면 적에게 맞설 수 있다. 세 겹줄은 쉽게 끊어지
지 않는다(4:9-12).

불의한 일터에서도 좋은 관계를 만들고, 좋은 관계 속에서 일
하는 법을 배우며, 서로 책임지고 의지하는 우정을 개발하고, 그들
을 섬기기 위해 일할 때 우리의 일은 행복해질 수 있습니다. 그리할
때, 허무하고 불의한 일터라 할지라도 우리는 학대와 폭력이 가득
한 세상에 맞서 함께 싸울 수 있는 힘을 얻고, 위로와 격려를 주고받
을 수 있습니다. 무한 경쟁의 세계에서 홀로 그 싸움을 싸우다 외로
이 죽어 가는 것이 아니라 공동체로 함께 사는 것이 더 나은 인생인
것입니다.

경쟁하는 것보다 협력하는 것이 더 좋은 결과를 얻을 수 있습니
다(4:9). 혼자보다는 둘이 나은 이유입니다. 하나가 넘어지면, 다른
하나가 일으켜 세워 줄 수 있습니다. 그러나 혼자 가다가 넘어지면
일으켜 줄 사람이 없습니다(4:10). 둘이 누우면 따뜻하게 지낼 수 있
습니다. 비록 일의 세계가 '겨울 왕국' 같을지라도 말입니다(4:11). 두
세 겹줄은 부당한 억압에 저항할 힘을 줍니다(4:12). 직장 안에서 그
런 관계를 개발하지 못할 수도 있습니다. 밑 빠진 독에 물 붓기처럼
우리의 모든 노력이 물거품처럼 사라져 버릴 수도 있습니다. 그러
나 하나님이 허락하신 주님의 동역자들과 함께 세운 강건한 공동체
는 허무한 직장 생활을 버티게 할 뿐 아니라, 직장 생활을 위한 새로
운 힘을 부어 줄 수 있습니다.

사람들은 '관계'와 '좋은 사람들의 공동체'가 궁극적인 행복의 원천임을 알아차리고 있습니다. 그러나 정작 그리스도인조차도 그런 공동체를 세우는 일에 별 관심이 없어 보입니다. 우리 주님의 계명을 따라 주님이 사랑하신 것처럼 서로를 사랑하는 공동체를 세우는 삶이야말로 실은 행복을 위한 절대적 비결입니다.

저는 교회의 젊은 엄마들을 보면서 함께하는 삶의 힘을 느낍니다. 육아는 최대 난제입니다. 아기는 언제나 우리가 가진 최대치의 힘보다 많은 에너지를 요구합니다. 육아로 몇 년을 보내다 보면 지칠 대로 지쳐서 감정적으로는 너덜너덜해지고 영적으로는 몹시 피폐해집니다.

그런데 그 엄마들이 함께 모이면 달라집니다. 아이를 들쳐 업고 함께 모여 육아의 힘듦을 나눌 때 그들은 힘을 얻습니다. 이 엄마들은 육아를 위해 함께 책을 읽고, 자신의 시행착오와 실패를 함께 나눕니다. 정신건강의학과 의사인 오은영 박사의 탁월한 해법보다 더 힘을 내게 만드는 것이 함께 고통을 겪고 있는 사람들과의 연대입니다.

우리의 노동을 적절한 위치에 두고, 함께하는 인생을 살아갈 수 있도록 노력해야 합니다. 우리는 탐욕과 경쟁으로 타락한 일터의 세계에 저항해야 합니다. 적게 일하고 적은 소유로 편안한 삶을 사는 일은 저절로 이루어지지 않습니다.

김순영 박사는 「일상의 신학, 전도서」(새물결플러스 펴냄)에서 전도자가 우리에게 "억압적인 경쟁에 내몰려 쉼을 빼앗기고 위로해 줄 사람 하나 없이 살아가는 외로운 인생을 향해 협력하며 행복을 나누는 공동체적인 삶의 방식"을 촉구하고 있다고 말합니다. 다시 말해 행복한 삶을 위한 비결은 성숙하고 행복한 사람들과 좋은 공동체를 세우는 것입니다. 정작 사람들은 좋은 공동체를 세우기 위해 '일'하기보다 각자도생하기 위해 '일'하기 바쁩니다. 과녁을 비껴가는 인생입니다. 주님의 계명을 따라 주님이 사랑하신 것처럼 서로를 사랑할 수 있는 역량을 가진 사람들, 하루하루의 일상을 기쁨으로 채워 갈 수 있는 행복한 사람들, 하나님의 뜻을 분별할 줄 아는 지혜로운 사람들을 세우고, 그들과 함께 선하고 아름답고 즐거움이 가득한 공동체를 이루어 사는 것이야말로 우리가 일하는 목적일 것입니다.

## 지혜로운 왕이 다스리는 왕국을 기다리며

전도자는 다시 권력의 문제로 돌아옵니다. 악한 왕은 들을 귀가 없는 왕입니다. 그는 신하와 백성의 말을 무시합니다. 어리석은 왕은 자신이 다스리는 세계를 학대와 폭력이 가득한 곳으로 전락시키고야 맙니다. 이 어리석은 왕, 듣지 못하는 미련한 왕보다 가난하지만 지혜로운 소년이 더 낫습니다.

아무리 나이가 많아도 신하의 직언을 듣지 않는 왕은 어리석다.

그보다는 가난할지라도 슬기로운 젊은이가 더 낫다(4:13).

그 지혜로운 소년은 왕이 될 수 있습니다. 지혜는 가난한 소년을 왕으로 만들어 줄 수 있습니다. "한 나라의 가난한 집안에서 태어나서 젊어서 감옥살이를 하다가도 임금 자리에 오를 수 있다"(4:14). 사람들은 본문에 등장하는 사람이 요셉과 닮았다는 것을 금방 알아차릴 수 있었을 것입니다. 그는 지혜로 나라를 다스리기에 온 백성이 그를 따릅니다. "내가 보니, 세상에서 살아 움직이는 모든 사람이, 왕의 후계자가 된 젊은이를 따른다"(4:15). 사람들은 그의 통치를 즐거워합니다.

그러나 선한 왕의 통치는 이내 끝이 납니다. "왕이 다스리는 백성이 아무리 많을지라도 그 다음 세대는 그를 좋아하지 않으니 이것도 헛된 것이며 바람을 잡으려는 것과 같은 것이다"(4:16, 현대인의 성경). 젊은 왕이 개혁을 일으켜 백성의 삶을 나아지게 만들어도 헛되고 헛될 뿐입니다. 그러한 업적을 남긴 왕을 그 다음 세대는 싫어할 것이기 때문입니다.

백성에게는 선하고 지혜로운 지도자를 선택할 지혜가 없습니다. 우리나라에서도 독재자와 학살자를 지지하고, 들을 귀가 없는 사람을 지도자로 세우려는 사람이 더 많았던 것을 기억해 보십시오. 세상은 변하지 않을 것입니다. 세상은 하나님 나라가 될 수 없습니다. 반짝 개혁은 실패로 끝나고 맙니다. 그러므로 이것도 허무한 일입니다.

이 사실은 우리의 눈을 들어 해 위 세상을 바라보게 만듭니다.

그래서 나는, 행복하게 살기로 했다

새로운 왕과 새로운 나라를 기다리게 합니다. 하늘에서 오시는 메시아와 그분을 통해 창조되는 그분의 백성을 소망하게 합니다. 그리고 그 나라는 왕이신 예수 그리스도와 그분을 따르는 백성을 통해 이 땅으로 내려왔습니다. 인간이 행복하게 살기 위해서는 하나님이 통치하시는 새로운 공동체가 필요합니다.

메시아 예수께서 해 아래 세상으로 하늘을 이끌고 땅으로 내려오셨습니다. 예수님은 자신이 하늘에서 내려왔으며, 이 땅에, 이 세상에 속하지 않은 메시아의 나라를 세운다고 말씀하십니다.

> "나는 하늘에서 내려온 살아 있는 빵이다. 이 빵을 먹는 사람은 누구나 영원히 살 것이다. 내가 줄 빵은 나의 살이다. 그것은 세상에 생명을 준다." …… "이것은 하늘에서 내려온 빵이다. 이것은 너희의 조상이 먹고서도 죽은 그런 것과는 같지 아니하다. 이 빵을 먹는 사람은 영원히 살 것이다"(요 6:51, 58).

하나님에게서 오신 메시아 예수께서는 자신을 하늘에서 내려온 빵이라 말씀하십니다. 이 빵은 '말씀으로 오신 예수 그리스도' 자신이십니다. 이 진리의 말씀을 따라 살아가는 신실한 예수의 제자들은 영원한 생명, 즉 하나님 나라의 삶을 지금 여기에서 누리기 시작합니다. 그들은 메시아 예수의 계명을 따라 그분이 우리를 사랑하신 것처럼 서로를 사랑하는 사랑의 공동체, 생명의 공동체를 세상에 세웁니다. 바로 그 하나님의 사랑의 공동체를 사는 삶이 곧 영생입니다.

## 5장

# 허무한 희망들

### 희망이 사라진 세상에서 행복할 수 있을까?

전도서 5장

하나님의 백성은 해 아래 세상이 항상 정의로울 수 없음을 알고, 하나님을 경외함으로 그분의 말씀을 듣고 실행하는 삶을 살아갑니다. 하나님의 백성은 이 세상에 학대받는 사람들이 있다는 사실에 놀라기보다 오히려 그들을 초대해 함께 먹고 마시고 즐거워하는 공동체를 창조합니다. 우리는 세상을 바꿀 수 없습니다. 그렇다고 해서 탄식하거나 절망하지 않습니다. 우리는 하나님이 '새로운 세상'을 창조하시며, 그 새로운 세상을 창조하시는 일에 하나님의 백성을 초대하신다는 사실을 알기 때문입니다.

종교, 정치, 돈은 사람들이 안전하고 풍요로운 삶을 살기 위해 의지하는 것들 가운데 가장 중요하다고 할 수 있습니다.

사람들은 위기가 닥치면 자신이 믿는 신을 찾아 기도합니다. 평소에 신을 믿지 않는 사람도 "이 기도만 들어주신다면, 평생 착하게 남을 돌보며 살게요"라고 하면서, 기도를 들어주면 무엇이든 하겠다는 약속을 남발합니다. 자신이 원하는 것을 얻기 위해 신에게 치성을 드리고 기도에 전념하기도 합니다. 때때로 종교는 미래에 일어날 일을 알려 주어 위험을 피할 힘이 있는 것처럼 여겨지기도 합니다.

정치에 대해서도 비슷한 기대를 합니다. 인류 역사는 혁명과 반혁명을 반복하며 더 나은 왕과 더 나은 정치 체제를 희구해 왔습니다. 사람들은 불의한 권력에 저항하여 정의를 구현하고자 자신의 고귀한 목숨을 바치기도 하고, 정의를 빌미로 수많은 사람의 목숨을 빼앗고 학살하기도 했습니다. 국가 권력은 때때로 신의 위치까지 격상되기도 합니다. 고대 로마의 황제들은 스스로를 신이라 칭했고, 세상에 평화와 번영을 가져다주었다고 자화자찬하기도 했습니다.

돈이야말로, 발명된 이후 사람들이 안전과 풍요를 위해 자기 삶을 다 바쳐 헌신한 대상입니다. 사람들은 돈이 행복의 조건이라고 믿습니다. 돈이 많으면 그만큼 더 행복할 수 있으리라 생각합니다. 때때로 사람들은 하나님이 주실 수 있는 것들을 돈이 줄 수 있다고 믿기도 합니다. 돈이 건강과 수명을 줄 수 있다고 믿고, 안전과 번영을 보장해 준다고 믿습니다.

전도자는 이 모든 기대가 헛되다고 선언합니다. 종교도, 정치도, 돈도 해 아래 세상을 사는 사람들을 행복하게 만들어 주지 못한다는 것입니다. 세상일을 통달한 지혜자의 이야기에 귀를 한 번 기울여 볼까요?

## 자기중심적 예배는 헛되다

어떤 사람들은 종교에 희망을 겁니다. 종교가 자신을 가난, 실패, 허무 등에서 구원할 것이라 믿고, 자기의 신들을 예배합니다. 그러나 자기중심적 종교는 그들의 희망을 이루어 줄 수 없습니다. 전도자가 보기에 종교는 허무한 희망일 수밖에 없습니다.

하나님은 온 우주의 중심이십니다. 우리는 하나님을 조종하거나 이용할 수 없습니다. 높은 곳에서 떨어지면 중력의 법칙에 따라 머리가 깨지거나 죽을 수도 있습니다. 하나님은 창조 원리에 따라 사람들을 창조하셨고, 사람은 하나님이 정하신 법을 따라 살 때 안전하고 자유롭습니다. 그러나 어리석은 사람은 하나님을 예배하고 기도하는 삶조차도 자신의 욕망을 이루기 위한 수단으로 삼습니다. 이것은 사람의 영혼을 약탈해 먹이로 삼으려는 악마의 확실한 전략입니다.

"어떻게 해서든 세상을 목적으로 만들고 믿음을 수단으로 만드는 데 성공한다면 환자를 다 잡은 거나 마찬가지지. 세속적 명분이야 어떤 걸 추구하든지 상관없다. 집회, 팸플릿, 강령, 운동, 대의명분, 개혁 운동 따위를 기도나 성례나 사랑보다 중요시하는 인간은 우리 밥이나 다름없어. '종교적'이 되면 될수록(이런 조건에서는) 더 그렇지. 이 아래에는 그런 인간들이 우리 한가득 득실거리는 판이니 원한다면 언제든지 보여 주마"(C. S. 루이스, 「스크루테이프의 편지」, 홍성사 역간).

어리석은 사람은 하나님을 통제할 수 있다고 믿습니다. 그러나 하나님은 우리 욕망에 따라 이리저리 휘둘리는 분이 아닙니다. 어리석은 사람은 '악한 일을 하면서도' 그것이 '악한 일'이라는 사실을 깨닫지 못합니다. 그들은 하나님과 거래하려 듭니다. 하나님을 마치 제물이나 탐하는 존재로 여깁니다. 해서, 제물이나 잘 바치면 하나님이 그들을 축복하실 것이라고 믿습니다. 그런 사람의 기도는 악한 일의 연장일 뿐이므로 하나님의 심판을 받습니다.

하나님의 집으로 갈 때에, 발걸음을 조심하여라. 어리석은 사람은 악한 일을 하면서도 깨닫지 못하고, 제물이나 바치면 되는 줄 알지만, 그보다는 말씀을 들으러 갈 일이다(5:1).

하나님에게 나아갈 때에 조심해야 할 것은 우리의 발걸음입니다. '발걸음'은 우리 삶의 방식을 뜻합니다. 하나님은 우리 삶이 그분 말씀에 합당한지에 관심 있으십니다. 제물보다 중요한 것은 바로 하나님 앞에서의 삶입니다.

우리는 하나님을 통제할 수 없습니다. 하나님이 우리 삶을 통제하시도록 내어 드려야 합니다. 하나님 말씀을 따라 우리의 생각과 삶을 변화시켜야 한다는 뜻입니다. 하나님 말씀이 없으니, 자신이 어리석은 일을 하고 있다고 깨닫지도 못합니다. 깨달음이 없으니 어리석을 수밖에 없습니다.

교회에 다니는 사람들 가운데 주일 예배에 성실하게 참석하고, 십일조를 잘하면 복 받는다고 믿는 사람이 많습니다. 하나님 말씀과 전혀 상관없이 살면서도 아무런 문제의식을 느끼지 못합니다. 어리석은 사람들입니다.

어리석은 사람은 자신이 하나님을 통제할 수 있다고 믿습니다. 그래서 하나님 앞에서도 말을 많이 합니다. 하나님 앞에서 많은 말을 하는 것은 결국 자기를 과시하는 행위이자, 하나님을 통제하고자 하는 행위입니다.

하나님 앞에서 말을 꺼낼 때에, 함부로 입을 열지 말아라. 마음

그래서 나는, 행복하게 살기로 했다

을 조급하게 가져서도 안 된다. 하나님은 하늘에 계시고, 너는 땅 위에 있으니, 말을 많이 하지 않도록 하여라(5:2).

하나님은 하늘에 계시다는 말씀은 하나님이 온 세상의 통치자시라는 뜻입니다. 우리는 땅 위에 있습니다. 하늘에 계신 하나님의 통치를 받아야 하는 존재입니다. 그러나 어리석은 사람들은 말을 많이 해서 하나님을 움직일 수 있다고 믿습니다. 즉, 전도자는 많은 기도가 응답을 가져오는 것은 아니라고 말하고 있는 것입니다. 사실 그가 기도하는 대상은 하나님이 아니라 자신이 만들어 낸 합성물일 수 있기 때문입니다.

C. S. 루이스(Lewis)의 「스크루테이프의 편지」에서 대장 마귀가 새끼 마귀에게 하는 충고에 귀를 기울여 보십시오.

> "그가 마음을 모아 기도를 바치고 있는 대상을 찬찬히 들여다보면, 아주 웃기는 요소들이 엄청 뒤섞여 있는 합성물이 보일 게다. …… 그 합성물의 성격이 어떻든 간에, 너는 환자가 바로 그것에 대고 기도하도록 붙들어 매야 한다."

그는 하나님이 아니라 자신의 욕망 혹은 그 욕망과 뒤섞인 어떤 합성물, 즉 응답할 수 없는 우상에게 기도하는 것이므로 그 기도는 헛될 수밖에 없습니다. 그러나 기도하는 사람이 하나님을 알고 살아 계신 하나님에게 기도한다면, 그 기도는 결코 헛된 것이 될 수 없습니다.

"그런데 만에 하나 환자가 그 차이를 구별하게 되는 경우, 즉 '내가 생각하는 당신이 아니라 하나님 당신이 알고 계시는 당신'을 향해 의식적으로 기도의 방향을 돌리게 되는 경우가 발생할 시에는 우리는 즉시 궁지에 빠지고 만다."

거룩하신 하나님에게 기도할 때는 그분이 어떤 분인지를 알고, 그에 합당한 예우로 기도해야 합니다. 그에 합당한 기도란 우리의 입을 닫고 하나님에게서 듣는 것입니다. 하나님을 예배하는 사람은 '하나님의 말씀'을 듣습니다. 하나님의 말씀을 듣는 것은 성경을 연구하고 묵상하는 일, 성경을 가르치는 이들에게 귀를 열고 잘 분별하며 듣는 일, 디트리히 본회퍼(Dietrich Bonhoeffer)가 「성도의 공동생활」에서 말한 것처럼 하나님이 형제와 자매들의 입으로 하시는 말씀을 경청하는 일, 먼저 성경을 연구하고 묵상한 이들이 지은 책을 읽는 일 등을 통해 실천할 수 있습니다.

하나님을 하나님답게 인정하는 길은 하나님을 자신의 기준과 욕망에 따라 상상하고 투사하지 않고, 하나님이 자신에 대해, 세상에 대해, 그리고 우리 자신에 대해 하시는 말씀에 귀를 기울이는 것입니다. 그러므로 우리는 하나님에게 말하기 전에, 먼저 하나님의 말씀을 들어야 하는 것입니다.

헨리 나우웬(Henri Nouwen)은 「예수의 길」(두란노 역간)에서 자신을 내려놓고 하나님을 만날 때 참 자아를 발견할 수 있다고 말합니다.

"예수님은 '나'라는 세상을 내려놓으라고 말씀하신다. 우리가 내려놓아야 하나님이 중심에 들어오실 수 있기 때문이다."

예수께서는 우리에게 '나' 자신이라는 세상을 내려놓고, "너희가 내 안에 거하고 내 말이 너희 안에 거하면 무엇이든지 원하는 대로 구하라 그리하면 이루리라"(요 15:7, 개역개정)고 말씀하셨습니다. 입을 열어 하나님에게 구하기 전에 우리가 주님의 말씀 안에 살고, 주님의 말씀이 우리 안에 살게 해야 합니다. 말씀이신 그분 안에 거하고 그 말씀이 우리 안에 거할 때, 우리는 하나님의 뜻대로 구할 수 있습니다. 그때에야 비로소 우리의 기도와 예배는 헛되지 않을 것입니다.

야고보 사도는 "하나님께 구하여도 받지 못하는 것은 쾌락에 쓰려고 잘못 구하기 때문입니다"(약 4:3, 현대인의성경)라고 말했습니다. 자기중심적인 기도는 헛될 뿐입니다. C. S. 루이스가 말한 것처럼 우리는 유혹의 메시지가 들어와 우리를 넘어뜨릴까 두려워하지만 정작 우리가 두려워해야 할 것은 아무런 메시지도 들을 수 없는 상태에 빠지는 것입니다.

자신이 생각하는 하나님이나 자신이 알고 있는 지식과 다른 이야기를 하면 아예 듣지 않는 그리스도인이 많습니다. 이들의 판단 기준은 자기 자신입니다. 하나님이 말씀하시면, 우리가 변해야 합니다. 우리는 중력과도 같은 진리의 말씀을 바꿀 수 없습니다. 신앙 생활은 예배나 헌금을 잘 드리면 되는 종교 행위가 아닙니다. 예배의 본질은 '변화'입니다. 하나님을 움직이는 것이 아니라 하나님이 우리를 변화시키시도록 우리 자신을 내어 드리는 것이 바로 예배입니다.

그러나 어리석은 사람들은 하나님이 아니라 자신을 예배합니다. 기도할 때 '말을 많이 하는 것'은 자기를 과시하기 위한 것입니다. '서원한 것을 지키지 않는 것'은 서원한 대상을 중요하게 여기지 않고, 그 서원을 통해 자신을 드러내는 행위입니다. 하나님을 가볍게 여기고 자신을 중요하게 여기는 사람들은 심판을 받습니다.

> 너는 혀를 잘못 놀려서 죄를 짓지 말아라. 제사장 앞에서 "내가 한 서원은 실수였습니다" 하고 말하지 말아라. 왜 너는 네 말로 하나님을 진노하시게 하려 하느냐? 어찌하여 하나님이 네 손으로 이룩한 일들을 부수시게 하려고 하느냐?(5:6)

하나님을 경홀히 여기는 자기 과시적인 서원은 심판을 받습니다. 하나님은 그가 자기 손으로 쌓아 올린 일들을 파괴하실 것입니다.

우리 삶이 헛됨을 인정하는 것은 자기중심주의를 포기하는 것입니다. 내가 가지고 있는 확신과 헌신, 집착을 내려놓고 그리스도의 말씀 앞에 서는 것을 의미합니다. 엘륄은 「존재의 이유」에서 이렇게 말합니다.

그래서 나는, 행복하게 살기로 했다

"나 자신의 삶이 헛되다고 인정한다는 말은 내가 나를 중심에 놓지 않는다는 뜻이다. 즉, 세상의 중심에, 인간관계의 중심에, 역사의 중심에, 행동의 중심에, 문화의 중심에 나를 두지 않는다는 것이다."

지혜는 우리 자신의 삶이 헛됨을 인정하는 데서 출발합니다. 우리는 세상의 중심이 아닙니다. 우리는 온 우주의 중심이신 하나님을 예배하고, 그분을 두려워하며, 그분의 말씀을 청종해야 할 땅 위의 피조물일 뿐입니다.

## 권력은 당신이 원하는 것을 줄 수 없다

전도자는 어느 곳에서든 가난한 사람을 억압하고, 법과 정의를 짓밟는 일이 일어나도 놀라지 말라고 당부합니다. 해 아래 세상에서는 이런 일이 일상처럼 반복되고 있기 때문입니다. 빈민이든 그 위에 있는 사람이든 모두가 정의와 공의가 없는 해 아래 세상의 희생양입니다. 영화 〈기생충〉이 보여 주듯이 상층부 사람이나 하층부 사람 모두 자본주의적 사회 구조에 빌붙어 기생하고 있는 것이지요.

전도자는 대담하게 주장합니다. "해 아래 정의는 없다." 그러므로 정치에 많은 기대를 걸지 말라고 말합니다. 해 아래 세상의 정치란 한계와 탐욕을 가진 이들의 합의체일 수밖에 없기 때문입니다.

이 세상의 권력자들과 부자들은 서로 '깐부'가 되어 가난한 사람들을 돌보지 않습니다. 우리나라만 해도 상위 10퍼센트가 토지의 66퍼센트를 가지고 있고, 국민의 절반이 남은 자산의 2퍼센트를 함께 나누어 쓰고 있습니다. 상황이 이런데도 권력자들은 부자의 세금을 깎고, 서민의 근로 시간을 늘리고, 최저 임금을 삭감합니다.

「존재의 이유」에서 엘륄이 하는 이야기를 계속 들어보겠습니다.

> "그러므로 이 땅 위의 정의나 저세상의 정의를 바랄 것이 없다. 선의 승리를 위해 인간이 결속한다거나, 헛된 인간 조건을 극복하기 위해 싸운다거나, 정당한 가치 체계를 확립한다거나 할 것이 없다. 모든 인간은 자신의 판단과 자신의 선에 대한 기준을 통해서 세상의 헛됨에 또 다른 헛됨을 더 보태기만 할 뿐이다."

우리가 붙잡아야 할 분이 하나님이라는 사실을 잊은 채 세상에서 정의를 이루려 한다면, 세상이 형성한 전제를 통해 정의의 개념을 가질 수밖에 없고, 그 결과 세상에서의 정의 추구는 정의롭지 못한 열매를 맺을 수밖에 없습니다. 기독교 신학자이자 윤리학자인 스탠리 하우어워스(Stanley Hauerwas)는 「교회의 정치학」(IVP 역간)에서 이렇게 말합니다.

> "정의를 위해 일하는 데 관심이 있는 그리스도인은 자유주의 사회의 전제를 통해 결정된 정의의 개념에 그들의 상상력이 사로

잡히는 것을 허락하고, 결과적으로 정의에 대한 실체적 설명을 더욱 불가능하게 만드는 사회의 발전에 기여한다. 정치적으로나 사회적으로 적실성을 갖고자 하는 것은 이해할 수 있는 바람이지만, 그로 인해 우리는 우리의 사회 질서가 갖는 한계에 저항할 수 있는 결정적 능력을 상실한다. 그리스도인으로서 우리가 모든 사회에 앞서 우선적으로 붙잡아야 하는 것은 정의가 아니라 하나님이라는 사실을 잊어버리는 것이다."

전도자는 세상을 지배하는 권력자조차 그들이 만든 학대와 억압의 구조에 기생할 수밖에 없는 존재라는 사실에 주목합니다.

높은 사람 위에 더 높은 이가 있어서, 그 높은 사람을 감독하고, 그들 위에는 더 높은 이들이 있어서, 그들을 감독한다(5:8b).

왕도, 권력자도, 학대당하는 자도 하나님이 주신 땅에서 나는 산물들로 먹고살아갑니다. 이러한 사실은 가난한 자든 부자든, 권력을 가진 자든 가지지 못한 자든, 우리 모두가 창조주 하나님의 피조물이며, 하나님의 호의와 은혜로 살아가는 평등한 존재임을 일깨워 줍니다.

하나님의 백성은 해 아래 세상이 항상 정의로울 수 없음을 알고, 하나님을 경외함으로 그분의 말씀을 듣고 실행하는 삶을 살아갑니다. 하나님의 백성은 이 세상에 학대받는 사람들이 있다는 사실에 놀라기보다 오히려 그들을 초대해 함께 먹고 마시고 즐거워하는 공동체를 창조합니다. 우리는 세상을 바꿀 수 없습니다. 그렇다고 해서 탄식하거나 절망하지 않습니다. 우리는 하나님이 '새로운 세상'을 창조하시며, 그 새로운 세상을 창조하시는 일에 하나님의 백성을 초대하신다는 사실을 알기 때문입니다.

하나님의 백성을 향해 하나님은 다음과 같이 명하셨습니다.

> 당신들은 주 당신들의 하나님이 계시는 그 앞에서 먹도록 하십시오. 그리고 주 당신들의 하나님이 당신들이 수고한 일에 복을 주신 것을 생각하면서, 가족과 함께 즐거워하십시오(신 12:7).

> 거기에서 당신들은 주 당신들의 하나님을 앞에 모시고 즐거워하십시오. 당신들만이 아니라, 당신들의 자녀들, 남종과 여종, 당신들처럼 차지할 몫이나 유산도 없이 성 안에서 사는 레위 사람을 다 불러서 함께 즐거워하십시오(신 12:12).

> 당신들은 매 삼 년 끝에 그해에 난 소출의 십일조를 다 모아서 성 안에 저장하여 두었다가, 당신들이 사는 성 안에, 유산도 없고 차지할 몫도 없는 레위 사람이나 떠돌이나 고아나 과부들이 와서 배불리 먹게 하십시오. 그러면 주 당신들의 하나님은 당신들이 경영하는 모든 일에 복을 내려 주실 것입니다(신 14:28, 29).

그래서 나는, 행복하게 살기로 했다

그렇습니다. 하나님은 우리가 가진 것을 나눔으로 어느 누구도 굶주리지 않고 배부르게 먹고, 마시고, 즐거워하며 살기를 원하십니다. 하나님의 백성은 정의가 없는 해 아래 세상에서 하나님의 정의와 공의가 작동하는 새로운 질서로 통치되는 공동체인 하나님 나라를 세워 갈 수 있습니다.

## 돈으로도 행복해질 수 없다

전도자는 돈이 사람을 행복하게 해주지 못한다는 사실을 적나라하게 드러냅니다.

첫째, 돈과 부는 만족을 주지 못합니다.

> 돈 좋아하는 사람은, 돈이 아무리 많아도 만족하지 못하고, 부를 좋아하는 사람은, 아무리 많이 벌어도 만족하지 못하니, 돈을 많이 버는 것도 헛되다(5:10).

돈이 얼마나 많아야 만족할 수 있습니까? 만족하지 못하는 것을 위해 인생을 바치는 것은 낭비 아닐까요? 한 달에 100만 원 버는 사람과 1,000만 원 버는 사람의 행복감은 과연 가진 돈만큼 차이가 날까요? 인지 심리학자인 김경일 교수는 자신의 책 「적정한 삶」(진성북스 펴냄)에서 우리나라 사람들을 대상으로 연구한 결과에 따르면

100만 원을 버는 사람이나, 1,000만 원을 버는 사람이나 행복감에 있어서 다르지 않다고 말합니다.

과학적인 결과가 말해 주는데도 우리는 왜 더 많이 벌어야 행복해지는 양 지금 가지지 못한 것들 때문에 불행하다고 느끼는 걸까요? 그리고 왜 더 많이 버는 사람이 행복할 것처럼 시샘하고 부러워하는 걸까요? 헛되고 헛된 일입니다.

둘째, 재산이 많아도 다 쓰지 못합니다.

> 재산이 많아지면 돈 쓰는 사람도 많아진다. 많은 재산도 임자에게는 다만 눈요기에 지나지 않으니, 무슨 소용이 있는가?(5:11)

재산이 많아진다고 전부 자신이 쓸 수 있는 것도 아닌데다가, 그 많은 재산으로 무엇을 사 모은들, 단지 눈요기일 뿐입니다. 억대 시계를 사 모으고, 스포츠카를 사들이고, 누가 더 호화로운 요트를 가지고 있는지 경쟁하는 부자들에게도 그런 것들은 결국 자신의 눈을 즐겁게 하는 눈요깃거리밖에 되지 않으니, 무슨 소용이 있겠습니까?

한때, 계곡이나 바다가 보이는 땅에 별장을 짓고 싶었습니다. 그런데 생각해 보니 그런 별장을 내가 꼭 소유해야만 누릴 수 있는 것이 아니더라고요. 따뜻한 커피 한 잔, 달콤한 조각 케이크 하나만 있어도 실컷 누릴 수 있는 것을 굳이 내가 소유할 필요가 없다는 생각이 들었습니다.

그래서 나는, 행복하게 살기로 했다

셋째, 부자는 잠을 편히 자지 못한다는 것입니다. 즉, 부자가 되면 염려와 걱정이 많아집니다(5:12). 부와 재산은 그것을 가진 사람에게 평화를 주지 못합니다. 돈으로 행복을 사서 누릴 수 있으면 좋으련만, 행복은 돈으로 살 수 있는 것이 아닙니다. 오히려 많은 부는 사람에게 염려와 근심을 선물합니다. 그것을 잃어버릴까 봐 두렵고, 더 소유하기 위한 번민이 끝이 없기 때문이죠.

로또에 당첨된 한 남자가 가장 먼저 한 일이 아내를 바꾸는 것이었습니다. 그에게 다가오는 사람들이 모두 그의 돈을 보고 다가오는 것 같으니 친밀한 인간관계를 맺는 것도 불가능해진 것이죠. 그런 사람의 인생은 결코 행복할 수 없습니다.

> 적게 먹든지 많이 먹든지, 막일을 하는 사람은 잠을 달게 자지만, 배가 부른 부자는 잠을 편히 못 잔다(5:12).

며칠이고 불면의 밤을 지새워 본 사람은 그것이 얼마나 지옥 같은지 잘 알 것입니다. 가난한 노동자는 적게 먹든 많이 먹든 단잠을 자지만, 배부른 부자는 좀처럼 잠이 들지 못하니, 이것 또한 헛된 일입니다.

넷째, 부와 재산은 영구적이지 않습니다. 재난을 만나 재산을 다 잃어버리기도 합니다.

> 나는 세상에서 한 가지 비참한 일을 보았다. 아끼던 재산이, 그

임자에게 오히려 해를 끼치는 경우가 있다. 어떤 사람은 재난을 만나서, 재산을 다 잃는다. 자식을 낳지만 그 자식에게 아무것도 남겨 줄 것이 없다(5:13, 14).

우리나라 사람 가운데 명절에 이런 이야기를 들어보지 않은 사람이 몇이나 있을까요? "조상 때는 우리 집안이 잘 살았어. 이 마을 거의 전부가 우리 땅이었지. 그런데 너희 할아버지의 아버지가 그놈의 노름에 빠지는 바람에 그 많은 돈을 노름빚으로 다 날려 버렸지. 학교를 갈래도 돈이 없어 갈 수가 있나. 그때부터 죽을 고생을 하며 살았던 거라." 재산을 모으기는 어렵지만, 재난을 만나 날려 버리는 것은 한순간입니다.

다섯째, 돈은 죽을 때 가지고 갈 수가 없습니다. 갑자기 들이닥치는 죽음은 막을 수가 없습니다. 죽으면, 그냥 그대로 끝입니다.

어머니 태에서 맨몸으로 나와서, 돌아갈 때에도 맨몸으로 간다. 수고해서 얻은 것은 하나도 가져가지 못한다. 또 한 가지 비참한 일을 보았다. 사람이 온 그대로 돌아가니, 바람을 잡으려는 수고를 한들 무슨 보람이 있는가?(5:15, 16)

그는 바람을 잡으려는 수고를 하면서 "평생 어둠 속에서 먹고 지내며, 온갖 울분과 고생과 분노에 시달리며 살 뿐"입니다(5:17). 부에 대한 집착은 자기 파괴적입니다. 그는 살아 있으나 실은 죽은 나날

그래서 나는, 행복하게 살기로 했다

을 살아간 것입니다. 이러한 자기 파괴적인 삶은 하나님이 허락하신 인생을 먹고, 마시며, 기쁘게 사는 것과 대비를 이룹니다.


### 확실한 행복의 길이 있다

전도서에 따르면, 행복은 부와 소유에 의존하지 않습니다. 주어진 삶은 하나님의 선물입니다.

> 그렇다. 우리의 한평생이 짧고 덧없는 것이지만, 하나님이 우리에게 허락하신 것이니, 세상에서 애쓰고 수고하여 얻은 것으로 먹고 마시고 즐거워하는 것이 마땅한 일이요, 좋은 일임을 내가 깨달았다! 이것은 곧 사람이 받은 몫이다(5:18).

수고하여 얻은 것으로 먹고, 마시고, 즐겁게 삽시다. 덧없는 인생살이에 대한 하나님의 뜻은 사람이 행복하고 즐겁게 사는 것입니다. 「스크루테이프의 편지」에 인간의 행복을 시기하는 사탄이 새끼 악마에게 인간의 행복을 망치는 방법을 가르치는 장면이 나옵니다. 행복한 인생을 망치려는 사탄의 전략은 놀랍게도 일상의 사소한 즐거움에서 우리의 시선을 떼어 놓는 것입니다.

> "그러니 사람이든 음식이든 책이든 환자가 정말 좋아하는 것들

은 버리게 하고, 그 대신 '제일 좋은' 사람, '적합한' 음식, '중요한' 책들만 찾게 만드는 일에 늘 힘쓰거라. 내가 아는 인간 중에는 내장과 양파 요리를 너무나도 좋아한 나머지, 사회적 야심이라는 강력한 유혹에도 꿈쩍하지 않는 자가 있었다."

하나님은 사람이 행복하게 살기를 원하십니다.

하나님은 이처럼, 사람이 행복하게 살기를 바라시니, 덧없는 인생살이에 크게 마음 쓸 일이 없다(5:20).

허면, 수고하여 얻은 것으로 "먹고 마시고 즐거워하는 것"의 진정한 의미는 무엇일까요? 이 말씀은 자신의 욕망을 채우는 쾌락적인 삶을 가리키는 것이 아닙니다. 전도자는 솔로몬에 빗대어 쾌락을 추구하는 삶은 허무할 뿐임을 이미 말한 바 있습니다.

본문에서 "먹고 마시고 즐거워하는 것"은 경축하는 잔치의 풍경입니다. 예수께서는 하나님 나라를 잔치에 자주 비유하셨습니다. 지혜로운 사람은 수고하여 잔치를 베풉니다. 이 잔치에 참여하는 사람들은 사랑하는 가족, 도시에 사는 과부와 고아, 그리고 가난한 이들입니다.

월터 브루그만은 그의 책 「완전한 풍요」에서 하나님이 우리를 하나님의 풍요로 초대하셨다고 말합니다. 그는 하나님의 완전한 풍요로 사람들을 초대하여 누리게 하는 삶이 바로 예수의 제자 된 우리

그래서 나는, 행복하게 살기로 했다

의 사명이라고 말합니다. 예수의 제자 된 우리는 하나님 나라의 그 풍요로운 잔치에 사람들을 초대해서 그들과 함께 하나님이 허락하신 풍요로운 결실을 누리며 즐거워합니다.

하나님은 우리에게 풍요로운 결실을 주시는 분입니다. 그러므로 우리는 후히 주셔서 풍성히 누리게 하시는 하나님에게 감사할 수 있습니다. 브루그만은 같은 책에서 이렇게 말합니다.

> "감사로 이루어지는 '생산'을 생각해 보라. '감사'로 실행되는 '분배'는 또 어떤가? '감사'로 이루어지는 '소비'를 상상해 보라."

전도자는 하나님이 주신 노동의 열매로 잔치를 베풀라고, 그리하여 하나님이 주신 삶을 경축하고 즐거워하라고 말하고 있는 것입니다. 우리가 노동하는 이유는 우리에게 풍성하게 채워 주시는 하나님 앞에서 '함께' 먹고, 마시고, 기뻐하는 잔치를 베풀기 위함이라는 것이죠. 예수께서는 죄인들과 '함께' 하나님 나라의 잔치를 즐기셨습니다. 기독교 신앙은 '함께' 감사로 인생을 즐기는 삶이라고 할 수 있습니다.

자! 이제 우리도, 마을의 의지할 데 없는 홀아비와 과부도, 고아가 된 아이들과 노숙인도 모두 '먹고, 마시며, 즐거워하는' 축제를 열기 위해 일하러 갑시다! 자기중심적인 종교를 떠나고, 정치에 과도한 기대를 걸지도 말고, 돈이 우리를 행복하게 해줄 것이라는 환상도 버립시다. 이 모든 것은 다 헛될 뿐입니다. 다만, 하나님이 주신 소소한 일상 속에서 이웃들과 함께 먹고 마시며 행복하게 삽시다. 하나님이 주신 사람들과 함께 '소확행'합시다. 우리 함께, 소소하지만 확실한 행복을 누리며 삽시다.

그래서 나는,
행복하게 살기로
했다

# 6장

## 불행한 사람들

### 누가 행복을 누리며 사는가?

전도서 6장

남이 가진 것을 욕망하고, 행복해지기 위해 현재를 희생하고, 자신의
행복을 목표로 삼는 사람은 행복을 누릴 수 없습니다. 가지지 못한
것을 욕망하기보다 이미 우리에게 주어진 것, 이미 가지고 있는 것,
나만이 가지고 있는 것들을 긍정적으로 바라보고 사랑할 수 있을 때,
우리는 비로소 행복해질 수 있습니다.

사람이 행복하기 위해 필요한 것은 얼마나 될까요? 한 번씩 발표되는 나라별 행복 지수를 보면, 우리나라는 언제나 꼴찌 근처를 맴돌고, 아프리카의 가난한 나라들이 우리보다 높은 행복 지수를 보이는 것으로 나타납니다.

김경일 교수가 쓴 「적정한 삶」에서는 사람이 얼마나 가져야 행복한가를 연구한 인지 심리학 결과를 보여 줍니다. 미국인이든 한국인이든, 기본적인 생활이 가능한 정도의 수입을 얻으면 행복하다고 느끼는 정도가 거의 수평을 이룬다고 합니다. 적정한 수입을 얻은 후에는 수입이 증가해도 행복 지수가 그에 비례해 높아지지 않습니다. 오히려 낮아지는 경우도 있다고 합니다. 즉, 사람들이 행복을 누리는 데는 그다지 많은 돈이 필요하지 않다는 것입니다.

전도자는 하나님에게 많은 것을 받았으면서도 행복하지 못한 사람들이 있다고 말합니다. 인생을 누릴 줄 모르는 사람들은 행복할 수 있는 조건을 가졌는데도 행복하지 않습니다. 그들은 하나님에게 많은 것을 받았지만 누리지 못하는 사람입니다. 전도서는 부와 재물과 존귀를 다 받아도 누리지 못하는 사람이 있고, 많은 자녀를 낳고 장수해도 행복하지 않은 사람이 있다고 말합니다.

## 하나님에게 부와 재물과 존귀를 받아도
## 누리지 못하는 사람이 있다

전도자가 본 한 사람이 있습니다. 하나님은 그에게 부와 재산과 명예를 주셨습니다. 그런데 하나님이 그에게 원하는 대로 주시고는, 정작 그것을 누리지는 못하게 하시는 것을 보았습니다. 그의 부와 재산과 명예를 엉뚱한 사람이 차지해서 누리는 것이지요. 이처럼 억울한 일이 어디 있겠습니까?

> 나는 세상에서 또 한 가지, 잘못되고, 억울한 일을 본다. 그것은 참으로 견디기 어려운 것이다. 하나님이 어떤 사람에게는 부와 재산과 명예를 원하는 대로 다 주시면서도, 그것들을 그 사람이 즐기지 못하게 하시고, 엉뚱한 사람이 즐기게 하시니, 참으로 어처구니가 없는 일이요, 통탄할 일이다(6:1, 2).

제가 청년 시절에 읽은, 한 호스피스가 쓴 책에 나오는 이야기입니다. 한 부인이 젊은 시절에 남편과 함께 악착같이 일해서 돈을 모았습니다. 살 만해졌을 때, 그만 암이 발견되었습니다. 병치레가 길어지자 남편이 바람났습니다. 세상을 떠날 날이 가까워지자 부인은 몹시 억울했습니다. "아이고, 악착같이 모은 내 돈, 다 써 보지도 못하고 죽는구나. 이렇게 좋은 집에서 그 여자가 내가 번 돈으로 호의호식하며 내 남편과 함께 살 것을 생각하니 죽기가 너무 억울하네."

그 부인은 분노와 억울함에 눈도 감지 못하고 죽었다고 합니다.

세상에서는 이런 일이 흔하게 일어납니다. 고생은 자신이 했는데, 그 열매를 엉뚱한 사람들이 누리게 된다면 얼마나 슬프고 원통할까요? 열심히 애써서 집도 사고 재산도 모았는데 건강을 잃어버리거나, 인생을 누릴 만할 때쯤 함께 나눌 사람이 없어 돈 보따리만 안고 쓸쓸하게 죽어 가는 사람은 또 얼마나 많을까요?

어떻게 해야 이토록 억울한 일을 피할 수 있을까요? 전도서는 말합니다. "메멘토 모리! 카르페 디엠!"(*Memento mori! Carpe diem!*) 전도서의 지혜는 죽음을 피할 수 없음을 기억하고, 현재를 누리며 살라고 말합니다.

화제였던 드라마 〈이상한 변호사 우영우〉에서 시청자들에게 깊은 인상을 남긴 한 대사가 있습니다. 어린이 해방군 총사령관 방구뽕(구교환 분)이 외친 구호였습니다. "어린이 해방군은 선언한다! 하나, 어린이는 지금 당장 놀아야 한다. 둘, 어린이는 지금 당장 건강해야 한다. 셋, 어린이는 지금 당장 행복해야 한다." 이 대사를 듣는데 눈물이 핑 돌더라고요. "나 어린이 해방군 총사령관 방구뽕은 지금 당장 어린이를 위해 노래한다! 얘들아 놀자!"

지금 행복하지 못한 아이들은 행복한 어린 시절이라는 미래의 추억을 삭제당하고 있는 셈입니다. 아이들은 미래에 있을 행복을 위해 지금의 행복을 희생당합니다. 수학 학원, 영어 학원, 태권도 학원……. 학원들을 뺑뺑이 돌다 아이들 일과는 밤 10시가 넘어야 겨우 끝이 납니다. 끝없는 경쟁으로 내몰리는 아이들에게는 '지금 여기'의 어린 시절을 누릴 여유가 없습니다. 행복한 어린 시절이 없는 어른의 삶이 과연 행복할 수 있을까요?

어른이 되어서도 사람들은 지금 여기에서의 삶을 누리지 못합니다. 노후를 준비해야 하거든요. 정작 즐겨야 할 노후에는 눈도 침침해지고, 다리는 기력이 풀려서 오래 걷지도 못합니다. 맛있는 것을 먹어도 예전만큼 미각이 예민하지 않은 탓에 멋진 요리를 즐길 수도 없습니다. 우리는 우리가 원하는 미래를 만들어 갈 수 있다고 믿지만, 지금 우리 모습만 봐도 그때 꿈꾸던 모습과 많이 다르지 않나요? 게다가 그 소망이 이루어진다 해도 우리가 행복할 수 있을지는 또 다른 문제입니다.

### 많은 자녀를 낳고 장수하는 축복을 받아도
### 행복을 보지 못하는 것은 불행이다

고대 사회에서 많은 자녀는 축복이었습니다. 어떤 사람이 자녀를 100명이나 낳고 장수까지 한다면 이런 축복이 어디 있겠습니까? 그러나 전도자는 말합니다. 자녀가 100명이나 되는 복을 받고, 또 장수의 복을 받았을지라도 주어진 행복으로 만족하지 못하고 그것이 행복인 줄 알지 못한다면 사산되어 나온 아이보다 불행하다고 말입니다.

그래서 나는, 행복하게 살기로 했다

사람이 자녀를 백 명이나 낳고 오랫동안 살았다고 하자. 그가 아무리 오래 살았다고 하더라도, 그 재산으로 즐거움을 누리지도 못하고, 죽은 다음에 제대로 묻히지도 못한다면, 차라리 태어날 때에 죽어서 나온 아이가 그 사람보다 더 낫다. 태어날 때에 죽어서 나온 아이는, 뜻 없이 왔다가 어둠 속으로 사라지며, 그 속에서 영영 잊혀진다. 세상을 보지도 못하고, 인생이 무엇인지 알지도 못한다. 그러나 이 아이는 그 사람보다 더 편하게 안식을 누리지 않는가!(6:3-5)

그들이 불행한 이유를 개역개정 성경은 이렇게 표현합니다. "그의 영혼은 그러한 행복으로 만족하지 못하고"(6:3). "행복을 보지 못하면"(6:6). 즉, 전도서의 지혜는 하나님이 어마어마한 축복을 베풀어 주셨을지라도 그것으로 행복한 줄 모르고, 그것이 행복인지 알지 못하는 사람은 차라리 죽어서 태어난 아이보다 불행하다고 말합니다.

비록 사람이 천 년씩 두 번을 산다고 해도, 자기 재산으로 즐거움을 누리지도 못하면 별 수 없다. 마침내는 둘 다 같은 곳으로 가지 않는가!(6:6)

행복한 사람은 하나님이 우리에게 베푸신 복을 볼 줄 알고, 지금 여기에서 그것을 누릴 줄 아는 사람입니다. 하나님이 인생에 베푸신 행복을 누리려면, 먼저 볼 수 있어야 합니다. 그리고 하나님이 주신 행복에 만족할 줄 알아야 합니다.

나태주 시인의 〈시〉라는 제목의 시가 있습니다.

시

그냥 줍는 것이다

길거리나 사람들 사이에
버려진 채 빛나는
마음의 보석들

시와 마찬가지로, 행복이란 사람들이 작고 하찮다고 버린 보석들의 가치를 알고 그것을 취할 줄 아는 사람들의 것입니다. 이미 우리는 행복할 수 있는 모든 것을 가졌습니다. 그럼에도 사람들은 그것이 행복을 위한 것이라는 사실을 모르기 때문에 하찮게 여겨서 버려 버립니다.

해군 학사 장교 복무를 마치고, 대학생 선교 단체 IVF로 복귀해서 첫 리더 수련회를 간 날이었습니다. 장소가 청옥산 자연 휴양림이었는데, 제가 도착했을 때 학생들이 물놀이를 하고 있었습니다. 얼마나 반가웠겠습니까? 기쁜 마음에 한달음에 물놀이장으로 뛰어들었지요. 그때 마침 한 친구가 바위 위에서 다이빙을 하더군요.

제가 누굽니까? 해군에서 전투 수영을 배우고, 군함 마스트에서 다이빙 훈련을 받은 사람 아니겠습니까? 다이빙의 진수를 보여 주고 싶었습니다. 낮은 바위 위에서 높이 뛰어 올라 머리부터 입수했습니다. 우지끈! 아직 다리는 물 밖에 있는데 머리가 바닥의 모래에 처박혔습니다. 스프링처럼 목뼈가 찌그러지는 느낌이 들었습니다.

일어나 보니 목에서 심한 통증이 느껴지더라고요. 목이 좌우로 돌아가지 않습니다. 참으면 괜찮아질 문제가 아니라는 직감이 들어 가까운 병원에 가서 엑스레이를 찍었습니다. 의사가 보더니, 경추 5번과 6번 두 개가 부러져 금이 갔고, 그 둘 중 하나는 찌부러져 절반 크기로 줄어들었다고 하더군요. 아마 목 아래로는 마비될 거라고, 칼로 찔러도 아프지 않을 거라고 친절하게(?) 알려 주셨습니다.

대구에 있는 대학 병원으로 가서 며칠간 대기하고 나서 의사 선생님들이 제 두개골에 구멍을 4개 뚫더니 할로베스트라는 목 보호 장치를 달아 주셨습니다. 지금도 이마와 뒤통수를 만져 보면 나사가 박혔던 구멍 4개가 남아 있습니다. 다행히 목뼈 사이를 지나가는 신경은 다치지 않아 전신이 마비되지는 않았습니다. 그때가 결혼식을 2주 앞둔 때였습니다. 결혼식은 석 달 뒤로 미뤄졌지요.

할로베스트를 착용하면, 일단 옆으로 누울 수가 없습니다. 똑바로 누워서만 잘 수 있습니다. 저는 그때 몸을 이리저리 돌려가며 잘 수 있는 것이 얼마나 행복한 일인지 깨달았습니다. 고개를 숙이지 못하니 머리를 감을 수가 없습니다. 머리를 제대로 감지 못하니, 가려워서 견딜 수가 없었습니다. 물수건으로 닦아 내는 것도 한계가 있는지 나중에는 머리카락에 일명 '구리스' 같은 기름이 생기더라고요. 그때 저는 깨끗한 물로 매일 머리를 감을 수 있는 것이 얼마나 즐거운 일인지를 알았습니다. 샤워요? 할로베스트라는 장치는 가슴 아래까지 내려오는 플라스틱으로 만들어져 있고 안쪽은 무슨 털 같은 것으로 덮여 있습니다. 장치를 벗으면 안 되니 샤워를 할 수가 없습니다. 저는 날마다 샤워기에서 떨어지는 맑은 물에 샤워하는 날을 주님 오시는 날처럼 간절히 기다렸습니다. 식사할 때도 고개를 숙일 수가 없었습니다. 아래에 뭐가 있는지 잘 보이지 않았습니다. 여간 불편한 것이 아니었습니다. 그때 저는 젓가락을 들고, 먹고 싶은 요리를 자연스럽게 입으로 가져가 먹고, 국을 떠 입안에 넣을 수 있는 것이 얼마나 큰 재주인지를 알았습니다. 퇴원한 후에도 한동안은 할로베스트를 착용해야 했습니다. 밖에 나가 햇볕을 쬐고 있으면 지나가는 아이들이 저를 보며 수근거립니다. "로보캅이다, 로보캅!"

심리학자들은 행복에서 중요한 것은 행복의 강도가 아니라 빈도라고 말합니다. 행복을 위해 필요한 것들은 이미 우리에게 다 주어져 있는지도 모릅니다. 소소하지만 확실하게 우리를 행복하게 해주는 것은 일상 속에 차고 넘칩니다. 문제는 그것을 볼 줄 모르고, 누릴 줄 모른다는 것입니다. '소확행', 소소하지만 확실한 행복을 추구하는 젊은이들이 대박을 꿈꾸는 어른들보다 지혜로운지 모릅니다.

그래서 나는, 행복하게 살기로 했다

## 갖지 못한 것을 욕망하는 것보다
## 가진 것을 누리는 것이 지혜다

전도서는 사람들이 행복하지 못한 이유가 "가지고 있는 것으로 만족하[지]" 못하고, "욕심에 사로잡혀서 헤매[기]" 때문이라고 말합니다(6:9). 행복을 위해 필요한 모든 것을 이미 가지고 있으면서도 욕심에 사로잡혀 헤매는 사람들은 행복을 누리지 못합니다.

전도서는 말합니다. "사람이 먹으려고 수고를 마다하지 않지만, 그 식욕을 채울 길은 없다"(6:7). 아무리 많은 요리로 배를 채워도 만족하지 못하는 것은 그 식욕에 한계가 없기 때문이라는 것입니다. 전도서는 욕망에 사로잡혀 헤매는 것보다 이미 가지고 있는 것, 우리에게 주어진 것들을 기뻐하는 것이 더 나은 선택이라고 알려 줍니다.

프랑수아 를로르(Francois Lelord)의 「꾸뻬 씨의 행복 여행」(오래된미래 역간)에는 사람들의 행복을 방해하는 것들 목록이 나옵니다. 그중에 몇 가지를 소개해 보겠습니다. 우선, '비교 의식'입니다. 비교 의식에 사로잡힌 사람은 항상 자신에게 있는 것보다 남이 가지고 있지만 내게 없는 것들을 주목합니다. 꾸뻬 씨는 행복을 찾는 여행을 통해 행복의 비밀은 자신을 다른 사람들과 비교하지 않는 데 있음을 깨닫게 됩니다.

'지금 행복을 누리기보다 미래에 행복해지기 위해 애쓰는 것'도 행복을 방해합니다. 사람들은 흔히 자신의 행복이 오직 미래에 있다고 생각합니다. 현재의 행복을 희생해서 미래의 행복을 저축하는 것이라 자위합니다. 그러나 내일 누릴 행복은 내일이 되면, 내일의 내일로 멀어집니다. 그가 바라는 내일은 오늘이 되지 못한 채 항상 저 멀리에 가 있을 거란 말이죠. 오늘 행복할 수 없는 사람은 결국 내일도 행복할 수 없다는 사실을 꾸뻬 씨는 행복을 찾는 여행을 통해 깨닫게 됩니다.

꾸뻬 씨는 '행복을 목표로 여기는 것'도 행복해질 수 없는 이유라는 것을 깨닫습니다. 많은 사람은 행복해지기 위해 일하고, 행복해지기 위해 결혼을 하며, 행복해지기 위해 돈을 모읍니다. 그러나 일을 한다고 행복해지지 않고, 결혼한 사람들이 모두 행복한 것도 아닙니다. 돈이 많아도 불행한 사람이 많습니다.

일 자체를 사랑하는 사람이 일에서 행복을 느낄 수 있습니다. 행복해지기 위한 결혼이 아니라 배우자에게 헌신하고 배우자를 진심으로 사랑할 때 행복한 결혼이 문득 찾아옵니다. 돈이 우리를 행복하게 만드는 것이 아니라 그 돈으로 의미 있는 일을 할 때, 누군가를 돕기 위해 나눌 때 우리는 행복해집니다.

전도자는 가지지 못한 것을 욕망하지 않고, 주어진 삶을 기뻐하고 즐거워하는 것이 바로 지혜라고 말합니다. 남이 가진 것을 욕망하고, 행복해지기 위해 현재를 희생하고, 자신의 행복을 목표로 삼는 사람은 행복을 누릴 수 없습니다. 가지지 못한 것을 욕망하기보다 이미 우리에게 주어진 것, 나만이 가지고 있는 것들을 긍정적으로 바라보고 사랑할 수 있을 때, 우리는 비로소 행복해질 수 있습니다. 이

그래서 나는, 행복하게 살기로 했다

미 받은 것을 감사로 누리며 사는 삶이 인생을 사는 지혜입니다.

인간이 행하는 모든 일이 허무합니다. 재산을 모으는 일도, 이름을 떨치는 일도, 욕망을 채우기 위한 삶도 다 허무합니다. 우리는 원래 흙이었습니다. '아담'은 흙이라는 뜻입니다. 우리는 흙이었고, 흙으로 돌아갑니다. 우리와 우리가 하는 모든 일이 허무하다는 것을 알게 되면 유일하게 허무하지 않은 분이 보입니다. 존재 그 자체이신 하나님이 보입니다. 하나님 외에는 세상 모든 것이 헛될 뿐입니다.

> 지금 있는 것은 무엇이든지, 이미 오래전에 생긴 것이다. 인생이 무엇이라는 것도 이미 알려진 것이다. 사람은 자기보다 강한 이와 다툴 수 없다(6:10).

해 아래 세상을 허무하게 하신 분은 하나님입니다. 하나님을 떠난 세상에서 인생은 허무할 뿐이라는 것은 이미 알려진 사실입니다. 하나님이 해 아래에서 살아가는 인생을 허무하게 하셨습니다. 하나님과 다툴 수 없다는 전도서의 말은 인생을 덧없게 하신 하나님과 다툴 수 없다는 뜻일 겁니다. 인생은 삶의 덧없음을 벗어 던질 수 없습니다.

"인생을 이렇게 살라, 저렇게 살라" 하는 많은 말이 사람들에게 도움이 되지 않는 것은 결국 인생이 짧고 덧없기 때문입니다.

그림자처럼 지나가는 짧고 덧없는 삶을 살아가는 사람에게, 무
엇이 좋은지를 누가 알겠는가?(6:12a)

결국 모든 사람은 죽을 것이고, 그 '말들'은 증명되지 못할 것입
니다. 인생이 덧없고 허무하다는 사실을 깨달으면, 우리의 시선은
유일하고 결코 허무하실 수 없는, 영원한 의미가 되시는 하나님을
향하게 됩니다.

해 아래 세상에서 살아가는 삶은 덧없고 허무하지만, 하나님은
우리가 행복할 수 있는 모든 것을 허락해 주셨습니다. G. K. 체스
터턴(Chesterton)의 말처럼, 이 세상은 난파당한 보물선과 같아서 세
상이라는 해변에는 난파선에서 파도에 휩쓸려 내려온 보물들이 널
브러져 있습니다. 비록 에덴동산은 인류의 죄로 파괴되었지만, 하
나님이 창조하신 세상은 여전히 아름답고, 멋지며, 맛난 것으로 가
득하기 때문이지요! 주님이 우리를 부르십니다. "애들아! 놀자!"

그래서 나는,
행복하게 살기로
했다

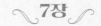

# 7장

## 구부러진 세상

### 불의한 세상에서도 행복하게 살 수 있을까?

전도서 7장

우리는 자신이 옳다고 믿는 것에 집착하지 말아야 합니다. 자신이 의라고 믿는 것이 시간이 지나 궁극적으로 하나님이 보실 때는 의가 아닐 수도 있기 때문입니다. 이것도 붙잡고, 저것도 놓치지 말아야 한다는 현자의 조언은 "적당히 정의롭고, 적당히 악하게 살라"는 말이 아닙니다. 정의롭게 살되 이 세상과 나 자신이 죄에 물든 존재임을 염두하고 살라는 것이지요.

"똑똑한 사람들은 모두 이반의 나라를 떠나 버리고 바보들만 남았다. 돈을 가진 사람은 아무도 없었다. 그들은 모두 일을 해서 자기 힘으로 먹고살았고, 다른 사람들도 먹여 살렸다."

톨스토이의 〈바보 이반〉에 나오는 이야기입니다. 이반의 나라 백성은 일하고, 먹고, 마시고, 사랑하며 즐겁게 살고 있습니다. 이들은 오직 노동으로 필요한 것을 채우고 나누며 살기에 돈이 필요 없었고, 다른 나라를 침략해서 빼앗을 일도 없었습니다. 바보들의 나라에서 금화는 장난감일 뿐입니다. 전쟁할 일이 없으니 전쟁에 필요한 병사는 사람들을 기쁘게 하는 합창단이 되었습니다.

악마는 계속 이반을 유혹합니다. 돈과 군사력으로 더 부자가 되고, 더 넓은 땅을 차지하라고요. 그러나 이반은 유혹에 넘어가지 않습니다. 왜냐고요? 바보거든요!

어리석은 것 같아 보이지만 사실은 이들이 지혜로운 사람입니다. 그 나라의 모든 땅은 누구의 소유도 아닌 하나님의 땅이었고, 땅에서 나는 소산물은 하나님이 주신 선물이었습니다. 그래서 그들은 노동으로 먹고살았고, 이웃과 함께 나누는 것을 기뻐하며 살아간 것입니다. 바보 이반이 다스리는 나라는 하나님이 창조하신 본래 그대로의 세상을 닮았습니다.

그러나 우리가 살아가는 세상은 하나님이 창조하신 본래 그대로
의 모습이 아닙니다. 이 세상은 사람들의 탐욕으로 구부러져 있습
니다. 구부러진 세상에서는 정의도 구부러지고, 지혜도 함께 구부
러집니다. 악한 일에 유능한 것을 지혜라고 부르며 따르기도 합니
다. 정의가 아닌 것을 정의라고 왜곡하기도 하고, 자신의 생각이 절
대적으로 옳다고 속단하기도 합니다. 하나님은 사람들을 단순하고
평범하게 창조하셨습니다. 그러나 전도자의 말대로 사람은 이 모든
것을 복잡하게 만들어 버렸습니다.

> 하나님은 우리 사람을 평범하고 단순하게 만드셨지만, 우리가
> 우리 자신을 복잡하게 만들어 버렸다는 것이다(7:29).

## 극단에 치우치지 말라

전도자는 구부러진 세상에서 극단에 치우치지 말고 여호와 하나님
을 경외하는 삶을 살라고 권면합니다. 그것이 지혜로운 삶이라는
것입니다.

> 헛된 세월을 사는 동안에, 나는 두 가지를 다 보았다. 의롭게 살
> 다가 망하는 의인이 있는가 하면, 악한 채로 오래 사는 악인도

있더라. 그러니 너무 의롭게 살지도 말고, 너무 슬기롭게 살지도 말아라. 왜 스스로를 망치려 하는가? 너무 악하게 살지도 말고, 너무 어리석게 살지도 말아라. 왜 제 명도 다 못 채우고, 죽으려고 하는가?(7:15-17)

구부러진 세상에서 정의는 상대적입니다. 어떤 집단은 이것이 정의라 말하고, 또 어떤 집단은 저것이 정의라 말합니다. 사람들도 다 제각각이어서 어떤 사람은 이것을 정의라 믿고, 또 어떤 사람은 저것을 정의라 믿습니다. 그래서 한 집단에서 정의라고 부르는 것이 다른 집단에서는 악으로 규정되기도 하고, 한 사람이 주장하는 정의가 다른 사람에게는 불의로 보일 수 있습니다.

지혜와 어리석음도 마찬가지입니다. 어떤 집단에서 지혜라고 말하는 것이 다른 집단에서는 어리석음이 됩니다. 사람들은 '자기의 의', 즉 자기가 믿는 의에 따라 살아갑니다. 그래서 그리스도인은 세상이 말하는 정의 혹은 가까운 이들이 말하는 정의에 완전하게 헌신할 수 없습니다. 인간의 모든 정의는 상대적이고 불완전하므로 우리의 생명을 바칠 만큼 가치롭지 않기 때문입니다.

게다가 사람들의 '자기 의'는 불완전합니다. 자신이 의롭다고 믿는 그 의 속에는 악이 섞여 있습니다. 자신이 악이며 어리석음이라고 믿는 것들 속에 의로움과 지혜가 들어 있을 수 있습니다. 우리는 세상을 살아가면서 순도 100퍼센트의 '의로운 삶'을 선택하며 살 수 없습니다. 때로는 우리의 선택지 자체가 최악의 악과 차악의 악뿐

이기도 합니다. 오답만 나열되어 있는 선택지 말입니다. 전도자는
말합니다.

> 좋은 일만 하고 잘못을 전혀 저지르지 않는 의인은 이 세상에 하
> 나도 없다(7:20).

그래서 전도자는 너무 의롭게 살지도 않고, 너무 악하게 살지도
않는 것이 지혜라고 가르치는 것입니다. 하나님의 뜻은 이 세상이
정의라고 말하는 어딘가와, 이 세상이 어리석음이라고 경멸하는 어
딘가 사이에 있을 수 있기 때문입니다.

그러므로 우리는 자신이 옳다고 믿는 것에 집착하지 말아야 합
니다. 자신이 의라고 믿는 것이 시간이 지나 궁극적으로 하나님이
보실 때는 의가 아닐 수도 있기 때문입니다. 이것도 붙잡고, 저것도
놓치지 말아야 한다는 현자의 조언은 "적당히 정의롭고, 적당히 악
하게 살라"는 말이 아닙니다. 정의롭게 살되 이 세상과 나 자신이
죄에 물든 존재임을 염두하고 살라는 것이지요.

그러면 어떻게 해야 치우치지 않는 삶을 살아갈 수 있을까요? 바
리새인들은 '의'를 지나치게 주장했습니다. 그 결과 성경이 말하는
의를 파괴하고 맙니다. 그러나 예수의 지혜는 당시 율법으로 접촉
을 금한 죄인들을 환대하고, 때로는 안식일 규례를 위반하며, 죽은
자와 문둥병자를 만지셔서 유대인의 정결 규례를 깨뜨렸습니다. 즉
바리새인들이 의라고 생각한 것들을 위반하심으로 악인이 되신 것

입니다.

예수께서는 여호와를 경외하심으로 두 극단을 피하시고, 하나님의 뜻을 행하셨습니다. 극단으로 치우치지 말고 여호와를 경외하라는 지혜자의 권면은 우리가 의와 지혜라고 생각하는 것들을, 그리고 어리석고 악하다고 생각하는 기준들을 하나님 말씀으로 평가해 보라는 것입니다. 요컨대, 내 생각이 틀릴 수 있음을 아는 것이 지혜입니다. 그때는 옳았어도, 지금은 틀릴 수 있다는 것을 아는 것이 지혜입니다. 나의 생각만큼 타자의 생각에도 일리가 있다는 것을 알고, 배움을 위해 마음을 넓히는 것이 지혜입니다.


## 하나님을 경외하는 지혜자가 되라

정호승 시인의 〈벽〉이라는 시에 이런 시구가 나옵니다.

나는 한때 벽 속에는 벽만 있는 줄 알았다.
나는 한때 벽 속의 벽까지 부수려고 망치를 들었다.
망치로 벽을 내리칠 때마다 오히려 내가
벽이 되었다.
나와 함께 망치로 벽을 내리치던 벗들도
결국 벽이 되었다.

극단에 치우친 사람들은 자신의 정의만이 참된 정의라고 믿습니다. 반대 진영 사람들을 쳐부수어야 할 '벽'이라고 생각합니다. 그 벽을 부수기 위해 동지들과 함께 망치를 들고 벽을 내리치지만, 그들 역시 벽이 되어 버리고 맙니다. "벽은 결국 벽으로 만들어지는 벽"이기 때문입니다.

> 하나를 붙잡되, 다른 것도 놓치지 않는 것이 좋다. 하나님을 두려워하는 사람은 극단을 피한다(7:18).

전도자는 "하나님을 경외하라"고 말합니다. 그리고 하나님이 주시는 '지혜'로 살라고 말합니다. 여호와께 속한 사람은 어디에도 속하지 않습니다. 하나님을 경외하는 사람은 극단을 피합니다. 그가 극단을 피할 수 있는 것은 여호와 하나님에게 속했기 때문입니다. 오직 그는 여호와의 말씀을 주야로 묵상하고, 그 말씀이 참으로 그러한가 하여 날마다 성경을 상고합니다. 그렇게 하는 자들만이 극단을 피하고, 하나님의 뜻을 행할 수 있습니다.

하나님 말씀으로 우리의 생각과 삶을 날마다 교정해 나갈 때 우리는 극단에 치우치지 않을 수 있을 뿐 아니라 "하나를 붙잡되, 다른 것도 놓치지 않는" 건강한 삶을 살아갈 수 있습니다. 이렇게 되려면, 우리는 성경의 스토리를 그저 아는 수준에 머물러 있어서는 안 됩니다. 성경을 깊이 연구해야 합니다. 하나님이 우리에게 허락하신 성경 교사들이 있습니다. 일생을 성경 연구에 헌신해 온 학

그래서 나는, 행복하게 살기로 했다

자들도 있습니다. 우리는 그분들에게 배울 수 있습니다. 그리고 가장 좋은 교사는 여러분 곁에서 말씀을 묵상하고 실천하는 성도들입니다.

하나님 말씀을 깊이 연구하고, 연구한 본문을 지금 우리의 삶과 현실에 적용할 수 있도록 잘 해석해야 합니다. 예로부터 교회는 해석의 공동체였습니다. 교회는 성경 내러티브를 삶으로 살아내는 공동체입니다. 우리는 하나님 나라 이야기를 사는 공동체 안에서 성경 내러티브를 실천함으로 하나님 말씀을 제대로 이해할 수 있습니다. 하나님 말씀을 함께 연구하고 그 말씀을 우리 시대에 맞게 해석해 내어 실천하는 공동체가 될 때, 교회는 세상에 포섭당하지 않고 하나님의 지혜를 따라 살아갈 수 있습니다.

하나님을 경외함으로 하나님의 지혜를 가진 사람들은 세상에 하나님의 질서로 세워지는 공동체를 창조합니다. 선지자 이사야가 바로 이러한 지혜를 가진 사람이었습니다. 이사야는 말합니다.

주 여호와께서 학자들의 혀를 내게 주사 나로 곤고한 자를 말로 어떻게 도와줄 줄을 알게 하시고 아침마다 깨우치시되 나의 귀를 깨우치사 학자들같이 알아듣게 하시도다(사 50:4, 개역개정).

이사야는 하나님이 주신 지혜로, 하나님의 심판을 받고 바벨론으로 끌려와 포로가 된 이스라엘을 일으켰습니다. 이사야는 바벨론에 포로로 잡혀 와 있는 이스라엘이 하나님이 주신 꿈과 비전을 품고 가나안 땅으로 돌아가 하나님 나라를 재건하도록 하나님의 말씀을 가르쳤습니다. 비천해진 이스라엘을 향해 그들이 온 세상의 빛이 되어 열방에 하나님의 정의와 공의를 실현하는 민족이 될 것이라고 외쳤습니다. 그는 하나님에게 이 지혜를 배웠습니다.

하나님의 지혜를 가지고 살아가는 삶은 강력합니다. 지혜는 한 도시의 통치자 열 명보다 지혜자 한 사람을 더 강하게 만듭니다.

> 지혜는 슬기로운 한 사람을, 성읍을 다스리는 통치자 열 명보다
> 더 강하게 만든다(7:19).

지혜는 권력보다 강합니다. 한 사람의 지혜자가 열 사람의 권력자보다 강합니다. 지혜는 세상에 샬롬과 번영을 가져옵니다. 하나님의 지혜는 공동체를 굳건하게 세웁니다. 지혜는 열 명이 가진 권력보다 위대한 힘입니다.

하나님의 지혜를 가진 사람은 세상에 샬롬과 번영의 질서를 창조해 냅니다. 그것은 사랑의 길입니다. 이사야는 침 뱉음을 당하고 수염이 뽑히는 모욕을 당하면서도 하나님이 주신 지혜로 이스라엘을 가르쳤습니다. 그들이 하나님 나라를 소망하게 했습니다. 바벨론의 포로 신세인 그들이 온 세상의 빛이 되라는 소명을 붙잡고 살수 있도록 만들었습니다. 그는 하나님이 주신 지혜로 이스라엘을 굳건하게 일으켜 세운 것입니다. 슬기로운 이사야를 통해 이스라엘 백성은 무너지지 않고, 하나님의 정의와 공의의 빛을 비추는 나라

가 되기 위해 바벨론을 떠나 이스라엘로 돌아갑니다.

다시, 시인의 남겨진 말을 들어 봅시다. 시인은 벽을 내리칠수록 주먹이 벽이 된다는 것을 깨달은 후, 손을 펴 그 벽을 사랑하기로 합니다.

내리칠수록 벽이 되던 주먹을 펴
따스하게 벽을 쓰다듬을 뿐이다.
벽이 빵이 될 때까지 쓰다듬다가
물 한 잔에 빵 한 조각을 먹을 뿐이다.
그 빵을 들고 거리에 나가
배고픈 이들에게 하나씩 나눠 줄 뿐이다.

시인은 따스하게 사랑으로 벽을 쓰다듬어 벽이 빵이 되게 한 후에 물 한 잔, 빵 한 조각의 소박한 음식으로 자신을 먹이고, 배고픈 이들에게 그 빵을 나누어 주기 위해 거리로 나갑니다. 하나님의 지혜를 가진 사람은 극단에 머물면서 서로를 벽이라 여기고 망치로 부수려는 극단적인 세상에 사랑의 질서를 창조해 내는 사람입니다. 이것이 진정한 지혜가 가진 힘입니다. 하나님이 주신 지혜로 권력자 열 명이 가진 권력보다 더 나은 사랑의 질서를 창조하는 삶을 사는 겁니다.

## 모든 사람이 죄인이라는 것을 알라

지혜로운 사람은 자신을 포함한 세상의 모든 사람이 죄인인 것을 아는 사람입니다. 세상도 구부러져 있지만, 우리 자신도 구부러져 있다는 것을 아는 사람이 지혜로운 사람입니다. 20절에서 전도자는 "좋은 일만 하고 잘못을 전혀 저지르지 않는 의인은 이 세상에 하나도 없다"고 말합니다. 지혜로운 사람은 사람들이 선하기도 하고, 악하기도 하다는 것을 압니다. 그러므로 지혜로운 사람은 사람들이 늘 올바르게 처신할 것이라고 기대하지 않습니다. 사람들은 때때로 옳을 것이며, 또 때때로 틀릴 것입니다. 정의로울 때도 있고, 불의하고 악하게 행동할 때도 있을 것입니다.

그러므로 지혜로운 사람은 다른 사람들이 하는 말에 크게 마음을 쓰지 않습니다. "남들이 하는 말에 마음을 쓰지 말아라. 자칫하다가는 네 종이 너를 욕하는 것까지 듣게 된다"(7:21). 그들이 당신에 대해 무슨 말을 하는지, 당신의 평판이 어떠한지 알려고 애쓰지 말라는 것이지요. 타인의 말에 마음을 쏟다 보면, 가까운 사람들이 당신을 욕하는 소리까지 듣게 될 수 있습니다. 혹, 그런 소리를 듣는다 하더라도 당신이 기억해야 할 것이 있습니다. '당신도 그런 적이 있다', 아니 '많다'는 사실입니다. "너 또한 남을 욕한 일이 많다는 것을 너 스스로 잘 알고 있다"(7:22).

지나치게 의로운 사람들은 사람들을 쉽게 판단하고 정죄합니다. 자기의 의로움에 집착하는 사람들은 다른 이들이 자신을 어떻게 평가하는지 늘 신경이 곤두서 있습니다. 이들은 사람들의 작은 실수에도 상처를 받습니다. 사람들이 자신을 향해 조언이라도 할라치면, 마음을 닫고 또 상처를 받습니다. 이들은 좀 너그러워질 필요가 있습니다.

누군가가 우리를 욕하는 소리를 듣게 되더라도 놀라지 마십시오. 우리도 누군가를 끊임없이 판단하는 죄인이라는 사실을 받아들인 다면, 그들에게 조금 너그러워질 수 있습니다. 그들도 우리와 같은 죄인이니 나를 비판할 수도, 또 때로는 욕할 수도 있을 겁니다. 그들도 잘못을 저지를 수 있는 연약한 인간이라는 사실을 받아들이십시오. 세상 모든 사람이 죄인입니다. 그리고 우리는 그들과 더불어 살아야 합니다. 나도 그러니까요. 나도 용납이 필요한 존재니까요.

우리는 구부러진 세상에서 구부러진 사람들과 함께 살아야 합니다. 내가 완벽한 의인이 아니듯 다른 이들도 마찬가지입니다. "절대로 용서할 수 없어!"를 입에 달고 사는 사람들을 봅니다. 살다 보면 "절대 용서하지 못할 이"가 간혹 생길 수 있지만, 그의 이야기를 가만히 들어보면 그렇게까지 용서 못할 일은 아닌 경우가 대부분입니다. 지혜로운 사람은 타인의 결함과 실수를 용납할 줄 아는 사람입니다. 자신 또한 용납이 필요한 존재라는 것을 알기 때문입니다.

그렇습니다. 사람들에게 실망할 준비를 하십시오. 그리고 나 자신도 누군가를 실망시킬 수 있음을 아십시오. 우리 모두 용서와 용납이 필요하다는 것을 아는 사람들이 분쟁이 가득한 이 구부러진 세상에 평화를 만들고, 하나님의 아들이라 일컬음을 받을 것입니다.

## 지혜를 얻기가 매우 어렵다는 사실을 알라

지혜로운 사람은 지혜를 얻기가 매우 어렵다는 것을 아는 사람입니다. 전도자는 지혜자가 되려고 할수록 지혜를 얻기가 매우, 대단히 어려웠다고 고백합니다. 지혜가 무엇인지 너무 멀고 깊어서, 알 수 있는 사람이 아마도 없을 것이라고 말합니다.

> 나는 이 모든 것을 지혜로 시험해 보았다. 내가 "지혜 있는 사람이 되어야지" 하고 결심해 보았지만, 지혜가 나를 멀리하더라. 지혜라는 것이 무엇인지, 너무도 멀고 깊으니, 누가 그것을 알 수 있겠는가?(7:23, 24)

"지혜를 찾기 쉽다고? 누가 그래? 해 봤는데, 오히려 지혜는 찾을수록 나를 멀리하던 걸." 지혜로워지기가 참으로 어렵고, 참된 지혜를 발견하는 것이 어렵다는 사실을 아는 것이 바로 지혜입니다.

그러나 구부러진 세상을 사는 구부러진 우리는 쉽게 답을 찾았다고 믿습니다. 매우 많은 사람이 답을 안다고 믿습니다. 어리석은 사람일수록 쉽게 단정하고, 판단하고, 조언합니다. 스스로를 지혜로운 사람이라 여깁니다. 그러나 전도자는 지혜를 찾기가 얼마나 어려운 일인지를 토로합니다. 우리가 지혜라고 생각한 것들이 사실은 어리석음일 수 있다는 것입니다.

전도자가 말하고 싶은 것은 "지혜는 찾기가 어려우니 찾지 말라.

그래서 나는, 행복하게 살기로 했다

찾아도 찾을 수 없을 것이다"가 아닙니다. "네가 가지고 있는 지혜가 전부라고 섣불리 생각하지 말고, 이미 답을 가지고 있다고 속단하지 말라"는 것입니다. 전도자는 지혜를 찾기 위해 노력하라고 말합니다. 지혜를 가진 사람은 도시를 다스리는 열 명의 통치자보다 강한 리더십을 가지며, 그의 지혜로 보호받고, 그의 인생이 구원받을 것이기 때문입니다.

잠언에서 지혜는 성문 어귀, 장터, 길거리, 어디에서나 부르고 있기 때문에 마음만 먹으면 발견할 수 있다고 말합니다. 이에 반해 전도서는 지혜를 찾는 것은 매우 어려웠다고 고백합니다. 전도자는 지혜를 찾으면서 천 명의 사람 가운데 한 사람을 찾을 수는 있었지만, 천 명 가운데 여자 하나는 만날 수 없었다고 고백합니다.

> 아직도 얻지 못하였지만, 다만 찾으면서 깨달은 것은 오로지, 천 명 가운데서 남자 하나는 찾을 수 있어도, 천 명 가운데서 여자 하나는 찾지 못한다는 것이다(7:28).

본문에서 '남자'로 번역된 단어는 '아담'입니다. '이쉬', 즉 젠더로서의 남성이 아니라 보편적인 인간으로서의 남자와 여자를 포괄하는 아담이라는 단어를 사용하고 있습니다. 그리고 본문에 나오는 '여자'는 의인화된 지혜라고 볼 수 있습니다. 잠언은 지혜가 사람들을 부른다고 말하는데 그 지혜가 바로 여성입니다. 전도서 7장 25절에서 '나'도 지혜자로 번역된 '코헬렛'의 여성형 대명사입니다. 27

절의 '전도자'도 여성형 명사입니다.

천 명의 사람 가운데 한 사람은 찾을 수 있었지만, 천 명의 사람 가운데 한 여자, 즉 지혜자 한 사람을 발견할 수는 없었다는 말씀은 그만큼 지혜를 찾는 일이 매우 어렵다는 것을 표현한 것입니다. 전도자는 아직도 지혜 있는 사람을 찾고 있지만, 찾지 못하고 있습니다. 그 이유는 '사람이 스스로 복잡해졌기' 때문입니다. 지혜는 평범하고 단순한 데 있는데, 사람들이 스스로를 복잡하게 만들어 버려서 지혜를 찾는 일이 매우 어려워졌다는 것입니다.

> 그렇다. 다만 내가 깨달은 것은 이것이다. 하나님은 우리 사람을 평범하고 단순하게 만드셨지만, 우리가 우리 자신을 복잡하게 만들어 버렸다는 것이다(7:29).

성숙은 다시 평범하고 단순해져 가는 과정입니다. 하나님이 원래 만드신 대로의 삶을 사는 것이 지혜입니다. 하나님을 경외하는 사람은 단순해집니다. 바보 이반처럼 되는 것이죠.

답을 알고 있다고 믿는 사람은 지혜를 찾지 않습니다. 그러나 지혜를 찾는 일이 매우 어렵다는 것을 인정하면, 우리는 다시 잠언으로 돌아갈 수 있습니다. 지혜는 성문에서, 시장 어귀에서, 광장에서 목소리를 높여 자신을 찾으라고 외치고 있으니까요. 지혜로운 사람은 자신의 판단이 틀릴 수 있고, 자신의 충고가 정답이 아닐 수 있음을 아는 사람입니다. 그런 사람은 더 깊은 지혜를 향해 나아갈 수

그래서 나는, 행복하게 살기로 했다

있습니다. 우리는 더 깊은 지혜로 나아가야 합니다.

## 악한 지혜와 선한 지혜를 분별하라

전도자인 그녀가 지혜를 찾다가 깨달은 것이 있습니다. 제가 "그녀가"라고 말한 것에 주목해 주십시오. 7장 25절의 '나'는 '여성'입니다. 저자는 본문에서 화자를 여성형으로 썼습니다. 전도자인 그녀가 지혜가 무엇인지, 또 사악과 우매가 얼마나 나쁜 것인지를 알아보려고 하다가 발견한 한 가지 사실이 있습니다. 그것은 사람을 파멸로 인도하는 지혜도 있다는 것이었습니다. 구부러진 세상에서는 악한 지혜가 칭송받습니다.

악한 지혜는 올가미, 덫, 쇠사슬처럼 우리를 사로잡고 결국 죽음보다 쓴 인생을 살게 합니다. 인생을 파멸의 길로 인도하는 악한 지혜, 잠언에서 '음녀'라고 표현한 그런 지혜가 있습니다. 한 번 붙잡히면 끝나는 것이죠. 영화 〈타짜〉를 보면, 평경장(백윤식 분)이 정 마담(김혜수 분)을 도박판으로 끌어들여서 도박판의 거물로 만듭니다. 정 마담은 도박 세계의 여신과도 같은 존재입니다. 좋은 머리와 미모로 도박판을 휩씁니다. 그러나 정 마담의 인생은 행복하지 않습니다. 정 마담은 자신을 악의 소굴로 끌어들인 평경장을 기차에서 살해합니다. 평경장 같은 이가 바로 악한 지혜의 표본입니다. 구부러진 세상에는 불행과 고통으로 인도하는 악한 지혜가 있습니다.

그래도 나는 한곳으로만 정신을 쏟아 보았다. 지혜가 무엇인지, 사물의 이치가 어떤 것인지를, 연구하고 조사하고 이해하려고 하였다. 사악이 얼마나 어리석은 일이며, 우매가 얼마나 미친 일인지를 깨닫는 데에 정신을 쏟아 보았다. 나는 또, 올가미 같은 여자 마음이 덫과 같고, 손이 쇠사슬과 같은 여자는 죽음보다 더 쓰다는 것을 알았다. 하나님을 기쁘게 해드리는 남자는 그런 여자를 피할 수 있지만, 죄인은 그런 여자에게 걸려들고 말 것이다 (7:25, 26).

본문에서 '여자'로 번역된 단어는 '음녀', 곧 악한 지혜를 의미합니다. 지혜는 찾기 어렵지만 계속 찾아야 하고, 악한 지혜는 피해야 합니다. 죄인은 악한 지혜의 그물에 쉬이 걸려듭니다. 죄인은 마음이 올가미와 같고 손이 쇠사슬과 같은 그 악한 지혜의 함정에 걸려들고 맙니다. 세상에는 선한 지혜도 있지만, 사람을 파멸로 이끄는 악한 지혜도 있습니다. 바보 이반의 두 형은 결국 돈과 권력으로 유혹하는 악마에게 넘어가 인생을 망치고 맙니다.

우리는 어떻게 그 악한 지혜에 사로잡히는 것을 피할 수 있을까요? 오직 하나님을 경외하는 사람만이 악한 지혜를 피할 수 있습니다. 어떻게 하면 여호와 하나님을 기쁘시게 해드릴지를 생각하며 살아가는 사람은 그 함정을 피할 수 있습니다. 바보 이반처럼, 돈과 권력에 무심한 사람들은 악마의 유혹에 걸려들 수 없는 것처럼 말이지요. 하나님을 기쁘시게 하겠다는 마음으로 사는 사람들에게 유혹은 유혹이 될 수 없습니다. 그의 욕망은 하나님을 기쁘시게 하는 데 있기 때문입니다.

하나님은 사람을 정직하고 의롭게 창조하셨으나 인간은 자신의 탐욕을 정당화하기 위해 꾀를 냅니다. 하나님이 창조하신 정의로운 세계는 인간의 탐욕으로 구부러져 버렸습니다. 이런 세상에서는 삶이 복잡해집니다. 진실과 거짓의 경계가 모호해지고, 선한 사람과 악한 사람을 구별하기가 어려워집니다. 세상은 정의와 불의, 지혜와 어리석음이 온통 뒤섞인 혼란의 바다가 되어 버립니다. 우리는 이 혼란의 바다를 헤엄치며 살아야 합니다. 어떻게 사는 것이 지혜일까요? 사람들의 탐욕으로 구부러져 버린 이 세계를 우리는 어떻게 살아야 할까요?

여호와를 경외하는 우리는 극단으로 치우치지 않고 참된 정의와 지혜를 알기 위해 성경을 연구하고, 묵상하고, 실천합니다. 하나님이 주신 지혜로 풍요로운 공동체를 세웁니다. 나 자신을 포함한 세상의 모든 사람이 구부러진 죄인이라는 사실을 받아들이며, 그들을 사랑하고 긍휼히 여기며 그들의 친구로 살아갑니다. 지혜를 찾는 일은 매우 어렵습니다. 그러므로 내가 옳다고 믿는 것들을 쉽게 속단하지 않고, 겸손한 마음으로 옳다고 믿었던 것들을 시험해 보고, 지혜를 찾기 위해 최선을 다해야 합니다. 선한 지혜는 단순하고 평범합니다. 우리는 악한 지혜를 거부하고, 선한 지혜를 찾아 정직하고 정의로운 삶을 살아야 합니다.

원래 지혜로운 삶은 단순한 것이었습니다. 그러나 사람들이 탐욕과 어리석음으로 복잡하게 만들어 버렸습니다. 지혜로운 사람은 불의한 세상 속에서도 행복할 수 있습니다. 불의한 세상에서도 행복할 수 있는 지혜로운 현자는 '바보'입니다. 우리는 다시 '바보'가 되어야 합니다.

그래서 나는,
행복하게 살기로
했다

# 8장

## 부패한 권력

### 악한 사람들이 다스리는 나라에서도 행복할 수 있을까?

전도서 8장

우리는 누가 세상의 권력을 갖든, 하나님 나라를 살아갈 수 있습니다. 살다 보면 굴복해야 할 때, 참여해야 할 때, 목숨을 걸고 맞서야할 때가 있습니다. 참된 지혜란 악한 권력이 지배하는 현실 속에서도하나님의 뜻을 따라 행하는 삶입니다.

악한 독재자들이 다스리는 나라의 시민들은 행복하게 살기가 어렵습니다. 지금도 많은 나라에서 독재자의 폭압적인 정치가 시민들의 삶을 불행하게 만들고 있습니다. 말할 수 있는 자유가 박탈당하고, 바른 말을 했다고 끌려 나가 고문당하거나 살해되기도 합니다. 중앙아시아의 한 독재자는 온 나라의 건물들을 흰색으로 칠하게 하고, 수도의 모든 차도 흰색만 허용했습니다. 맙소사!

톨스토이는 〈사람은 무엇으로 사는가?〉에서 "하나님은 사람들이 자신에게 무엇이 필요할지를 모르게 하셔서 모여 살게 하셨다"고 했습니다. 모여서 서로에게 필요한 것을 나누며 살기 위해서는 정치가 필요하고, 정치가 있는 곳에는 반드시 권력관계가 형성됩니다. 나쁜 사람들이 하는 나쁜 정치는 사람들을 불행하게 만들 수 있고, 선한 사람들의 지혜롭고 정의로운 정치는 사람들을 행복하게 할 수도 있습니다.

전도서 8장은 바로 이러한 정치권력과 하나님 백성의 관계에 대해 말합니다. 전도자가 살아간 시대에는 왕이 지배했습니다. 이스라엘의 왕들 가운데에는 선한 왕이 얼마 되지 않고 악한 왕이 더 많았습니다. 게다가 왕들은 절대적인 권력을 가지고 있었습니다. 선한 왕도 완전하지 못한데, 악한 왕은 오죽했겠습니까? 게다가 이스라엘 백성은 타국으로 끌려가 이집트, 바벨론, 페르시아 등 타국의 왕에게 지배받으며 살아야 했습니다.

오늘날에는 왕이 지배하는 나라가 거의 없지만, 그리스도인은 여전히 권력과 관계를 맺으며 살아갑니다. 가까이에는 가정, 직장에도 권력관계가 있고, 교회에도 권력관계가 존재합니다. 우리 삶에 가장 큰 영향을 끼치는 국가 권력도 있습니다. 인간 왕, 인간 권력자는 어리석기도 하고 탐욕스럽기도 합니다. 그들은 명백한 한계를 가지고 있습니다. 분명한 것은 우리가 이러한 권력자들이 다스리는 세상에서 살아야 한다는 것입니다. 해 아래 세상에서 하나님의 백성은 그 권력과 어떤 관계를 맺으며 살아야 할까요?

## 리더의 신뢰를 얻으라

전도서는 사물의 이치를 아는 사람이 지혜로운 사람이라고 말합니다. "어떤 사람이 지혜 있는 사람인가? 사물의 이치를 아는 사람이 누구인가?"(8:1) 바르톨로뮤의 「전도서 주석」에 따르면 여기서 '사물'은 사건과 사물, 말씀 모두를 지칭합니다. '이치'로 번역된 히브리어는 '페세르'로, 성경에서는 꿈의 해석이나 수수께끼의 해법을 일컫습니다. 영어로는 'interpretation'으로 번역되었습니다. 즉, 지혜란 '특정한 상황에서 어떻게 행동해야 할지를 아는 것'입니다. 지혜로운 사람은 처한 상황을 바르게 해석하여 그에 맞는 말, 선택, 행동

그래서 나는, 행복하게 살기로 했다

등이 무엇인지를 알고 대처합니다. 특히, 권력자와의 관계에서 그렇다는 말입니다.

권력자와의 관계에서 자신이 처한 맥락을 잘 해석하여 지혜롭게 행동한다는 것은 무엇을 의미할까요? 그것은 권력자에게 주어진 힘을 인식하는 것과 관련됩니다. 지혜는 권위를 가진 사람들과의 관계에서 그 힘의 불균형을 알고, 적절하게 말하고 행동하며 무엇을 선택해야 할지를 아는 것입니다.

전도자는 "지혜는 사람의 얼굴을 밝게 하고 굳은 표정을 바꾸어 준다"고 말합니다(8:1b). 바르톨로뮤는 같은 책에서 잠언 말씀을 인용해서 지혜의 전통적인 의미를 밝힙니다. 하나님의 선물인 지혜는 그것을 가진 사람의 얼굴을 하나님처럼 자비롭고 인정 넘치게 만들어 줍니다. 그와 달리 얼굴이 굳은 것은 자비로움의 반대, 곧 악독함과 비열함을 상징합니다. 이처럼 지혜는 하나님과 이웃을 향해 열린 얼굴로 바꿔 줍니다.

다른 해석도 있습니다. 권지성 교수는 「전도서 특강」(IVP 펴냄)에서 지혜가 밝게 만들어 주는 얼굴은 신하나 아랫사람이 아니라, 권력을 가진 왕의 얼굴이라고 해석합니다. 지혜로운 사람은 그가 가진 지혜로 왕 앞에서 세상의 이치를 밝히고, 왕을 도와 왕의 얼굴을 기쁘게 만들 수 있습니다. 지혜로운 사람은 왕 앞에서 겸손하고 지혜롭게 행할 줄 알아, 왕의 마음을 기쁘게 함으로 왕의 사랑을 받습니다.

지혜가 그것을 가진 사람의 얼굴을 하나님을 닮은 얼굴처럼 변화시킨다는 해석과, 지혜로운 사람은 왕의 사랑을 받는다는 해석은 서로 모순되어 보이지만 조화를 이룰 수도 있습니다. 성경에서 지혜로운 사람은 하나님처럼 자비롭고 인애가 넘치는 사람입니다. 지혜로운 사람은 왕 앞에서도 주눅 들지 않고, 왕을 자비와 인애의 마음으로 대합니다. 그러한 신하의 얼굴을 바라보고, 지혜로운 그와 일하는 왕의 마음은 그를 사랑할 수밖에 없을 것입니다.

구약 성경에는 왕의 총애를 입은 다니엘, 느헤미야, 요셉의 이야기가 모범으로 제시되어 있습니다. 이들은 그들이 섬기던 왕에게 신뢰와 사랑을 받았습니다. 즉 지혜는 그들의 권력자가 누구든, 그들이 처한 상황이 어떠하든 악독해지거나 비열해지지 않고, 하나님의 헤세드적인 사랑, 즉 자비와 인애를 행하는 능력입니다.

리더의 행사에 불만이 있더라도, 불만과 불평으로 굳은 얼굴이 아닌 하나님의 은혜를 머금은 얼굴로 리더를 대하는 것이 지혜입니다. 비록 권력자와의 사이에 힘의 불균형이 존재하지만, 지혜로운 사람은 리더에게 선한 영향을 끼칠 수 있습니다.

성경에는 섬기기 까다롭고, 무자비하게 권력을 휘두르며, 폭력적인 왕들이 나옵니다. 이스라엘 백성이 섬긴 왕은 결코 선하거나 정의로운 왕이 아닙니다. 그 당시는 자신의 의지로 리더를 선택할 수 있는 시대가 아니었습니다. 이스라엘 백성은 어쩔 수 없이 주어진 상황에서 그들을 섬겨야 했지요. 지금은 대통령도 바꿀 수 있고, 함께 일하는 직장 상사가 마음에 들지 않으면 직장을 옮길 수도 있지만, 시대가 달라졌어도 어쩔 수 없이 함께 일해야 하는 어려운 리더와 권력자는 어디에나 있게 마련입니다.

요셉, 다니엘, 느헤미야 같은 하나님의 사람들은 불의하고 무도하며 폭력적인 왕을 섬겨야 하는 상황에 놓였습니다. 그들은 하나님이 주신 지혜로 자신의 왕을 섬겼고, 왕에게 신뢰를 얻었습니다. 요셉은 하나님이 주신 지혜로 이집트 왕의 신뢰를 얻어 이집트 백성을 최악의 흉년에서 구할 수 있었을 뿐 아니라, 이스라엘 백성을 보호할 수 있었습니다. 다니엘은 왕정이 여러 번 바뀌었지만, 하나님이 주신 지혜로 왕들의 신뢰를 얻었습니다. 그리고 그는 이스라엘 백성에게 소망을 주는 묵시의 말씀을 쓰고 전할 수 있었습니다. 느헤미야는 왕의 최측근이 될 만큼 신뢰를 얻었습니다. 그리하여 왕의 호의로 예루살렘 성벽을 재건할 수 있는 재원을 공급받을 수 있었습니다.

주님이 말씀하신 것처럼, 우리는 "뱀같이 지혜롭고 비둘기같이 순결[해야]" 합니다(마 10:16). 요셉, 다니엘, 느헤미야 같은 이들은 이른바 '넘사벽'입니다. 그들은 권력을 가진 이들의 악에 물들지 않았으며, 때로 물들 수밖에 없는 상황에서도 악한 왕들에게 사랑과 신뢰를 받으며 하나님 나라를 섬겼습니다. 이들과 동일한 삶을 살기란 불가능해 보입니다. 그러나 우리는 지혜를 구할 수 있습니다. 야고보 사도는 말했습니다.

여러분 가운데 누구든지 지혜가 부족하거든, 모든 사람에게 아낌없이 주시고 나무라지 않으시는 하나님께 구하십시오. 그리하면 받을 것입니다(약 1:5).

## 리더의 권위를 존중하라

지혜로운 사람은 리더의 권위를 존중합니다. 그는 리더가 가진 힘과 자신이 가진 힘이 같지 않다는 것을 압니다. 리더는 더 많은 권한과 인맥, 그리고 경험을 가지고 있습니다. 이러한 힘의 불균형을 이해하고 자신의 입지를 정할 줄 아는 것이 지혜입니다. 내가 내는 의견과 리더가 제시하는 의견은 동일한 무게를 가질 수 없습니다. 그러므로 자신의 견해를 제시하되, 겸손한 태도로 해야 합니다. 자신의 생각이 받아들여지지 않는 상황은 배움을 위한 시간으로 선용할 수 있습니다.

전도서는 권력자에게 복종하라고 말합니다. "나는 권한다. 왕의 명령에 복종하여라. 그것은 네가 하나님 앞에서 맹세한 것이기 때문이다"(8:2). 고대 세계에서 전도자와 같은 신하는 하나님 앞에서 왕의 명령에 복종하기로 맹세했습니다. 왕의 명령에 복종하는 것은 그것이 하나님 앞에서 한 맹세이기 때문입니다. 즉, 왕에게 복종하는 이유는 왕이 복종할 만한 인격과 지혜를 갖추어서가 아닙니다. 왕이 그러한 것을 갖추지 못했을지라도 하나님에게 복종하기로 맹세했기에 그 맹세를 지키는 것입니다.

다윗은 부당한 이유로 자신을 죽이려고 혈안이 된 사울에게 광야에서 추격당합니다. 사울을 제거할 기회가 여러 번 있었는데도 그를 죽이지 않은 것은 사울이 하나님이 기름 부어 세우신 왕이기 때문이었습니다. 사울을 왕으로 세우신 분이 하나님이기에 맞서지 않은 것입니다. 이처럼 바울도 하나님이 세우신 정부 권력에 복종하라고 명령합니다. "사람은 누구나 위에 있는 권세에 복종해야 합니다. 모든 권세는 하나님께로부터 온 것이며, 이미 있는 권세들도 하나님께서 세워 주신 것입니다"(롬 13:1). 왕이 왕답지 못하고 그가 하는 일이 어리석어 보일지라도 복종해야 하는 것은 그들의 권세를 하나님이 세우셨기 때문입니다.

해서, 우리는 "왕이 싫어하는 일은 고집하지 말고, 왕 앞에서는 물러나[야]" 합니다(8:3). 이 구절을 한글 개역개정 성경은 "왕 앞에서 물러가기를 급하게 하지 말며 악한 것을 일삼지 말라"고 번역했습니다. 새번역을 따르면, 왕이 싫어하는 일을 고집하는 것은 어리석은 일입니다. 지혜로운 사람은 왕 앞에서 물러설 줄 아는 사람입니다. 최종 결정은 왕이 할 거니까요. 반면 개역개정은 "왕 앞에서 물러나기를 급하게 하지 말[라]"고 해석합니다. '급히 물러나는 행위'는 성경에서 이집트 총리가 요셉인 사실을 알았을 때 요셉의 형들이 놀라는 모습이나 하나님이 나타나셨을 때 욥이 놀라는 모습을 묘사한 표현입니다. 왕 앞에서 놀라는 행위는 왕의 오해를 받을 수 있습니다. 왕 앞에서 놀라거나 급히 물러나는 행위는 왕에게 잘못을 저질렀거나 불만을 가졌다고 판단될 수 있기 때문입니다.

왕 앞에서는 행동을 조심해야 합니다. 왕 앞에서 고집을 부리거나, 왕과 맞서 싸워서는 안 됩니다. 오해받을 만한 행동은 자제해야 합니다. 왕이 가진 권력은 막강하기 때문입니다. "왕은 자기 마음대로 할 수 있는 사람"이기 때문입니다(8:3). "왕의 말이 곧 최고의 법인데, 누가 감히 그에게 '왜 그렇게 하십니까?' 하고 말할 수 있겠는 가?"(8:4) 즉, 권력을 만만하게 생각하지 말라는 것입니다. 권력을 만만하게 보고 리더를 거스르는 행위는 위험합니다. 권력은 우리를 해칠 수 있습니다. 지혜로운 사람은 언제 어떻게 행해야 할지를 알기 때문에 자신을 악과 권력에서 보호할 수 있습니다.

물론, 지금은 그때와 많이 달라졌습니다. 과거와 달리 오히려 윗사람이 아랫사람 눈치를 보는 시대라고도 말합니다. 하지만 권력은 여전히 힘이 셉니다. 권력을 가진 리더를 상대할 때는 더욱 조심해야 합니다.


## 알맞은 때와 알맞은 방법을 찾으라

모든 일에는 때와 방법이 있습니다. 지혜로운 사람은 때에 맞게 선택하고, 어떻게 행해야 할지 그 길을 아는 사람입니다. 지혜자는 옳은 일을 때에 맞게 행할 수 있는 사람입니다.

왕의 명령을 지키는 이는 안전하다. 지혜 있는 사람은 언제 어떻게 그 일을 하여야 하는지를 안다. 우리가 비록 장래 일을 몰라서 크게 고통을 당한다 해도, 모든 일에는 알맞은 때가 있고 알맞은 방법이 있다(8:5, 6).

그래서 나는, 행복하게 살기로 했다

공동번역 성경은 이 구절을 이렇게 번역했습니다.

그러므로 그의 명령을 지키는 사람은 화를 입지 않는다. 생각이
지혜로우면 어떤 경우에 어떻게 행동해야 할지도 알게 된다. 무
슨 일이든 때와 방식이 있는 법이다. 그러나 아무리 제대로 하여
도 화를 입는 경우가 많다.

옳은 일일지라도 그것을 실행할 때가 언제인지 아는 것이 지혜
라는 것이죠. 너무 일찍 실행하거나 너무 늦게 실행하면, 일을 망칠
수 있습니다. 때를 아는 것은 대단히 어려운 일입니다. 이것은 일에
대한 전문적인 지식과 경험이 축적되어야 알 수 있습니다.

그 일을 행할 수 있는 적절한 방법을 찾아야 합니다. 동기가 순
수하고 해야 하는 일이 옳다면, 더욱 그 일이 실현될 수 있도록 여러
방법을 모색해서 가장 효율적인 방법을 찾아야 합니다. 순수한 사
람들이 열정을 가지고 열심히 한다고 해서 일이 되지는 않습니다.
지혜롭게, 효율적으로 일해야 합니다.

그래서 우리는 책을 읽고, 경험자에게 물어야 합니다. 지혜는 경
험해 보지 못한 것을 경험해 본 사람들의 간접 경험을 통해 배우는
것입니다. 모든 것을 경험해 보고 결론 내리려는 청년이 많습니다.
그런데 이런 생각은 매우 위험할 수 있습니다. 시행착오가 생각보
다 큰 해를 입힐 수 있기 때문입니다.

특히, 젊은이들에게는 멘토가 필요합니다. 코치가 없는 운동선

수를 상상할 수 있습니까? 레슨을 해줄 선생이 없는 음악도는 또 어떤가요? 그들에게 때와 방법을 알려 줄 멘토는 많은 시행착오를 줄여 줄 것입니다. 좋은 멘토를 알아보고 도움을 요청하는 것은 청년들이 가져야 할 정말 중요한 지혜입니다.

그러나 전도서는 지혜롭게 일한다고 해도 미래에 어떤 결과를 맺게 될지는 알 수 없다고 말합니다. 우리는 미래에 어떤 일들이 일어날지 모르기 때문입니다. "그러나 아무리 제대로 하여도 화를 입는 경우가 많다"(8:6b, 공동번역). 우리는 미래를 알 수 없는 피조물이고, 미래는 하나님만이 통제하실 수 있기 때문입니다. "무슨 일이 일어날지 아무도 모른다. 앞으로 일어날 일을 말하여 줄 수 있는 사람이 누구인가?"(8:7)

전도서는 지혜의 효용성을 말하는 한편, 아무리 지혜로운 사람도 세상만사가 어떻게 돌아갈지, 권력에 어떤 변화가 일어날지는 알 수 없다고 말합니다. 왕의 권력은 언제 어떻게 될지 알 수 없습니다. 지혜롭게 대처한다고 해도, 안전한 미래를 구축할 수 없습니다. 미래를 알 수 없고, 바람을 통제할 수 없으며, 죽음을 피할 수 없고, 전쟁이 일어나면 아무도 벗어날 수 없습니다.

악을 행하는 사람들은 그것이 자신의 안전과 욕망을 이룰 수 있는 길이라 믿기 때문에 악을 저지릅니다. 그러나 악은 악을 행하는 사람을 놓아주지 않고, 결국 악인은 악행의 소용돌이 속에서 죽을 것입니다. 악마도 사랑을 합니다. 그러나 그 사랑은 지독히도 자기중심적입니다. 「스크루테이프의 편지」에서 스크루테이프가 조카

그래서 나는, 행복하게 살기로 했다

악마 웜우드에게 보내는 마지막 편지에는 이렇게 적혀 있습니다. "너를 사랑하느냐고? 사랑하고말고. 나를 살찌워 줄 맛있는 먹이를 사랑하지 않을 리 있겠느냐?" 그는 게걸스럽게 조카를 탐내며 아낍니다. 악은 그 악에 거주하는 사람들을 보호해 주지 않습니다. 악은 악의 거주자라 할지라도, 누구에게나 악을 행하기 때문이죠. 제 아무리 꾀가 많고 계략에 능한 사람도 다가오는 미래를 알고 재앙을 피할 수는 없습니다. 자신을 지키기 위해 악의 편에 가담하는 사람만큼 어리석은 사람은 없습니다.

'그래서 어쩌라는 거지? 지혜롭게 행하란 말이야, 아니면 지혜롭게 행해도 미래를 알 수 없으니 맘대로 하라는 말이야?' 좀 짜증 나지요? 우리는 확실한 답을 원하지만, 전도서는 좀처럼, 아니 절대 확실한 답을 내놓지 않습니다. 그 이유는 무엇일까요? 전도서가 바로 질문이자 도전이기 때문입니다. "자, 지혜가 여기에 있다. 지혜는 좋은 것이지. 그런데 지혜롭게 살아도 반드시 안전하고 행복해지는 것은 아니야. 그러면 너는 어떻게 할래?"

하나님의 백성 이스라엘은 여러 유형의 권력자와 더불어 살아야 했습니다. 이집트나 바벨론 왕들의 폭정을 견뎌 내야 하는 시절도 겪었고, 무능하고 탐욕적인 왕들의 지배를 받으며 고생해야 하는 시절도 있었습니다. 비록 한때지만 정의롭고 공평한 왕들의 통치 아래 번영을 누리던 때도 있었지요. 그들은 스스로 통제할 수 없는 시간을 살며, 그 왕들의 지배를 겪어 내야 했습니다.

하나님의 사람들은 다양하게 반응했습니다. 요셉은 이집트의 왕을 위해 복무했습니다. 모세는 하나님의 부르심을 따라 악독하고 탐욕적인 파라오에 저항했고, 히브리인들을 해방시켜 하나님이 다스리시는 나라를 세웠습니다. 다윗은 사울의 권력을 피해 광야로 도망쳤습니다. 예레미야 같은 선지자는 모두가 침략국에 맞서야 한다고 강경하게 외칠 때, 정복자에게 굴복하고 하나님의 때를 기다리라고 선포하기도 했습니다. 느헤미야나 모르드개와 같은 포로기 이스라엘 백성은 포로로 잡혀 간 나라의 번영과 평화를 위해 일하기도 했습니다. 예수께서는 유대인 권력자들에게 맞서셨습니다. 바울은 하나님 안에서 로마의 권력에 복종하라고 명령했지만, 요한은 황제 숭배에 저항하라고 가르칩니다.

선택은 여러분의 몫입니다. 우리의 운명은 하나님 손에 달려 있습니다. 그러므로 하나님의 백성인 우리는 하나님을 두려워하고 하나님 뜻대로 사는 것을 선택해야 합니다. 세상에서 만나는 다양한 권력과 좋은 관계를 맺고, 때에 맞게 적절한 방법으로 주님의 길을 걷는 법을 배워야 합니다.

그러나 세상에서의 성공을 위해 인생을 올인하지 말라는 것이죠. 세상에서의 성공과 실패가 우리의 행복을 보장하지 못하는데, 세상 권력에 목맬 필요가 없습니다. 우리는 누가 세상의 권력을 갖든, 하나님 나라를 살아갈 수 있습니다. 살다 보면 굴복해야 할 때, 참여해야 할 때, 목숨을 걸고 맞서야 할 때가 있습니다. 참된 지혜란 악한 권력이 지배하는 현실 속에서도 하나님의 뜻을 따라 행하는 삶입니다.

권력관계는 사람을 고통스럽게 할 수 있습니다. 하나님이 위임하신 권력으로 사람들을 섬기는 것이 아니라 지배하려 할 때, 권력은 지배당하는 사람들뿐 아니라 권력을 가진 사람도 불행하게 만듭니다. "사람이 사람을 주장하여 해롭게 하는 때가 있도다"(8:9b, 개역개정). 같은 본문을 새번역 성경은 이렇게 번역했습니다. "이 세상에는 권력을 쥔 사람 따로 있고, 그들에게 고통받는 사람 따로 있음을 알았다"(8:9b).

본문에는 한 악인이 등장합니다. 사람들은 이 악한 권력자 때문에 고통을 겪었습니다. 그는 사람들 위에 군림하다가 불행하게 죽습니다. "남을 마음대로 주무르던 자는 때가 되면 화를 입는다"(8:9b, 공동번역). 권력을 가지고 다른 사람 위에 군림하는 사람도 결국은 화를 입고 죽습니다. 반드시 말입니다!

그런데 전도자가 이 세상에서 벌어지는 모든 일을 살펴보다가, 이상한 것을 발견합니다. 그런 그가 죽어 무덤에 묻히자 사람들이 그의 악행을 기억하지 않습니다. 그와 같은 도시에 살던 사람들이 도리어 악한 자를 칭찬합니다. 폭정에 시달렸으면서도 히틀러나 전두환 같은 사람들을 칭송하는 자들이 있는 것처럼 말입니다.

나는, 악한 사람들이 죽어서 무덤에 묻히는 것을 보았다. 그런데 사람들은 장지에서 돌아오는 길에 그 악한 사람들을 칭찬한다.

그것도 다른 곳이 아닌, 바로 그 악한 사람들이 평소에 악한 일을 하던 바로 그 성읍에서, 사람들은 그들을 칭찬한다(8:10a).

전도자는 이것을 보며 허탈해합니다. 그렇게 당하고도 그들을 칭찬하는 자들을 전도자는 이해할 수 없습니다. 전도자는 말합니다. "이런 것을 보고 듣노라면 허탈한 마음 가눌 수 없다"(8:10b).

우리도 그럴 때가 있지요? 사람들의 평가란 참 부질없습니다. 하나님을 떠나 어리석어진 우리는 올바른 판단력을 잃어버렸습니다. 이 어리석음 때문에 사람들은 독재자를 지지하고, 학살자를 영웅으로 떠받들며, 자신의 것을 약탈해 가는 것을 눈으로 빤히 보면서도 그를 칭송합니다. 자신들을 위한 복지 예산을 줄이고 의료 보험 혜택을 박탈한다는데도, 속아 넘어가는 사람이 얼마나 많은지요. 이런 어리석은 사람들에게 좋은 평가를 받는 것이 무슨 의미가 있겠습니까?

현자는 말합니다. "사람들은 왜 서슴지 않고 죄를 짓는가? 악한 일을 하는데도 바로 벌이 내리지 않기 때문이다"(8:11). 악인들이 서슴지 않고 죄를 짓는 이유는 그렇게 죄를 범해도 당장에 벌을 받지 않기 때문입니다. 그들은 담대하게 죄를 짓습니다. "악한 사람이 백 번 죄를 지어도 그는 여전히 살아 있다"(8:12a).

사람들은 말합니다. 하나님이 의인은 보살피시고, 악인은 심판하신다고 말입니다.

그래서 나는, 행복하게 살기로 했다

하나님 앞에 경건하게 살면서 하나님을 두려워하는 사람은 모든 일이 다 잘되지만 악한 자는 하나님을 두려워하지 않으니, 그가 하는 일이 잘 될 리 없으며, 사는 날이 그림자 같고 한창 나이에 죽고 말 것이다(8:12b, 13).

그러나 현실은 사람들이 믿는 것과 사뭇 다릅니다. 악한 사람이 받아야 할 벌을 의인이 받고, 의인이 받아야 할 보상을 악인이 받습니다. 이런 상황은 전도자가 보기에 악합니다. 풀리지 않는 수수께끼 같습니다.

우리는 악한 이들을 의롭다고 말하는 거짓된 세상에서 악한 이들과 살아야 합니다. 하나님이 그들을 즉각적으로 심판하시지 않는 것은 그분이 자비로우시기 때문입니다. 하나님은 악인들이 회개하고 돌아오기를 기다리십니다. 기회를 주시는 것이죠. 하나님이 죄인들을 사랑하시는 것이 싫을 때가 있습니다. 저도 죄인이면서 말이죠.

하나님을 떠난 해 아래 세상에서 어리석은 인류는 모든 것을 구부려 놓았습니다. 전도자는 의인이 세상에서 인정받는 것은 아니며 악인이 반드시 심판받는 것도 아니라는 사실을 확인합니다. 정의롭고 경건하게 살았다고 하나님이 그를 형통하게 해주시는 것도 아니며, 사람들에게 인정받는 것도 아니라는 것입니다. 신앙생활 잘하면 세상에서 성공한다는 믿음은 적어도 '전도서'에서 말하는 지혜와는 맞지 않습니다.

해 아래 세상에서 권력은 타인을 지배함으로 세상을 고통에 빠지게 합니다. 해 아래 세상에서 지배하고 지배당하는 권력관계는 공동체 구성원 모두를 타락시킵니다. 불의하고 부패한 권력은 구성원들의 판단력마저 마비시켜 정의를 불의로, 의인을 죄인으로, 악인을 영웅으로 둔갑시켜 버립니다.

해 아래 세상의 허무함은 하나님이 창조하시는 새로운 세상을 소망하게 합니다. 하나님은 예언자들을 통해 해 아래 세상의 허무함에 굴복하고 살아가는 사람들에게 소망을 제시하십니다. 그것은 바로 메시아를 통해 해 위의 세상을 해 아래 세상으로 끌어 오는 것입니다. 요한은 그 새로운 세상을 "새 하늘과 새 땅"이라고 불렀습니다(계 21:1).

하나님은 사람들이 거꾸로 뒤집어 버린 이 세상의 권력을 메시아 예수를 보내서서 바로잡으십니다. 예수께서는 "작은 자가 큰 자가 되고, 큰 자는 가장 낮은 자가"(마 5:19 참조) 되어 섬기는 새로운 권력관계를 말씀하셨습니다. 그리고 그분이 가장 낮은 자가 되셔서 십자가를 지시고 우리 모두를 위해 자신의 생명을 내려놓으셨습니다. 예수께서는 우리를 섬기기 위해 세상에 오셨고, 우리를 위해 당신의 목숨을 내어 주기 위해 오셨습니다.

해 아래 세상에서의 권력관계는 허무할 뿐이지만, 메시아이신 예수님이 세우시는 새로운 공동체 안에서 세상의 권력관계는 역전됩니다. 섬기는 자가 큰 자가 되고, 의로운 사람이 명예를 얻고, 왕은 백성을 위해 자신을 희생합니다. 십자가로 세워지는 공동체는 평화와 번영의 질서, 즉 샬롬의 새로운 질서를 창조합니다.

그래서 나는, 행복하게 살기로 했다

메시아 예수께서 오셨으므로 전도서가 기록될 당시보다는 더 나은
삶을 사는 것은 분명하지만, 우리는 여전히 해 아래 세상, 부조리한
권력이 지배하는 이곳에서 살아가야 합니다. 우리는 메시아의 왕국
이 도래했음을 압니다. 우리는 거꾸로 뒤집힌 해 아래 세상의 질서
를 하늘의 질서를 통해 다시 뒤엎어야 합니다. 그리하여 가난한 사
람들이 천국을 누리고, 정의가 없어 애통하는 사람들이 하나님의
정의가 실현됨으로 위로를 받으며, 권력자가 아니라 하나님의 뜻에
겸손하게 순종하는 온유한 자가 땅을 차지하고, 의에 주리고 목마
른 사람들이 배부르며, 의를 위하여 핍박받는 자들에게 하늘의 상
이 주어지는 하나님의 통치가 이루어지는 하나님 나라를 세워 가야
합니다.

그러나 우리가 사는 지금은 허무와 희망이 뒤섞이고, 알곡과 가
라지가 각자 자신의 열매를 맺으며, 세상 사람들과 하나님의 백성
이, 국가의 권력과 하나님의 통치가 뒤섞인 채 살아가야 하는 시대
입니다. 우리는 우리 시대에 적합한 방법들로 지금 여기에서 하나
님 나라를 살며, 누려야 합니다.

전도자는 우리에게 주어진 인생을 즐기라고 말합니다.

> 나는 생을 즐기라고 권하고 싶다. 사람에게, 먹고 마시고 즐기는
> 것보다 더 좋은 것이 세상에 없기 때문이다. 그래야 이 세상에서

일하면서, 하나님께 허락받은 한평생을 사는 동안에, 언제나 기쁨이 사람과 함께 있을 것이다(8:15).

이자크 디네센(Isak Dinesen)이 쓴 「바베트의 만찬」(문학동네 역간)은 허무한 세상에서 하나님의 사랑을 누리며 산다는 것이 무엇인지를 생각하게 하는 책입니다. 헤밍웨이는 노벨 문학상을 받았을 때, 디네센이야말로 이 상을 받아야 한다며 그에게 찬사를 돌렸습니다.

전도서는 자주 "먹고 마시고 즐거워하라"고 말합니다. 예수님은 '성찬'으로 이 말씀을 성취하십니다. 「바베트의 만찬」은 우리의 일상적인 만찬이 어떻게 그리스도의 성찬이 될 수 있는지를 보여 줍니다. 바베트는 일상을 천국의 향연으로 바꾸어 버립니다.

바베트는 파리 최고급 레스토랑의 요리사였지만 프랑스 시민전쟁에서 가족을 모두 잃어버리고 덴마크로 온 불쌍한 여인이었습니다. 하루는 프랑스에 있는 친구가 바베트에게 복권을 선물했는데, 당첨되어 1만 프랑을 받게 됩니다. 그는 덴마크의 그 작은 마을을 신실하게 섬기다 돌아가신 목사님의 100세 생일 기념 만찬을 준비하는 데 그 1만 프랑을 사용합니다. 돌아가신 목사님의 두 딸이 하나님을 위해 교회를 섬기고 있었는데, 그들의 노력에도 마을 사람들은 자매의 말을 듣지 않고 서로를 미워하고 속이고 있었습니다. 바베트는 이 만찬에 마을 사람들을 초대합니다. 만찬에 초대받은 사람 중에는 욕망을 좇아 헤매면서 수많은 나라를 정복하고 승리했지만 자신의 삶이 헛되고, 헛되며, 헛되다는 사실 때문에 고통스러

위하는 장군 로렌스도 있었습니다.

거북이 스프를 비롯하여 바베트가 차린 요리들은 장군의 마음은 물론이고 만찬에 함께한 모든 마을 사람의 마음을 감동시킵니다. 음식을 먹고 감동받은 장군은 자리에서 일어나, 자신이 과거에 파리의 한 레스토랑의 여성 요리사가 만든 요리를 음미한 감동을 전합니다.

> "그녀는 저녁 만찬을 사랑의 향연으로 만들었다. 이 사랑의 향연은 육체적 사랑의 욕구와 영적인 욕구 사이의 구별을 없애 버렸다."

바베트가 바로 그 레스토랑의 요리사였던 것입니다. 그 사랑의 향연은 장군의 마음을 회복시킵니다. 소 대가리, 거북이, 메추리, 각종 샴페인과 향신료로 만든 만찬을 들면서 그들은 서로 용서할 마음을 얻고 다시 하나가 됩니다. 장군은 일어나 이렇게 기도합니다.

> "그날이 다시 옴을 보리니 어서 서두르시오. 태양도 물에 몸을 담그네. 우리가 편히 쉴 때가 곧 다가오리니 천국의 빛 가운데 거할 자 누구랴. 천국에서 다스릴 자 그 누구며 어둠의 골짜기에 영원한 빛이 될 자 누구랴. 시계 속의 모래는 곧 사라지리니 어둠이 낮을 지배하겠네. 세상의 영광은 끝이 오리니 그들의 날은 짧고 바람처럼 날아가네. 주여, 당신의 빛을 우리에게 비추사 우리에게 자비를 베풀어 주소서."

바베트는 이 만찬을 위해 1만 프랑 전부를 허비합니다. 그리고 이 만찬은 천국에서 누릴 향연을 소망하게 만듭니다. 바베트는 해 아래 세상을 허무하게 살아가는 자들에게 천국의 향연을 베풀어 맛보게 한 것이죠. 그 바베트가 베푼 만찬은 서로를 용서하게 하고, 천국을 꿈꾸게 만듭니다.

바베트는 자신에 대해 이렇게 말합니다.

> "나는 위대한 예술가입니다. 나는 결코 가난해지지 않을 것입니다. 나는 위대한 예술가입니다. 위대한 예술가는 결코 가난하지 않습니다. 우리는 다른 사람들이 절대 알 수 없는 어떤 것을 가진 사람들입니다."

바베트는 계속해서 말합니다. 그는 자신이 하는 일로 허무하고 고된 일상을 축제로 만들었습니다.

> "내가 나의 최선을 다할 때 나는 그들이 완벽한 행복을 맛보게 할 수 있습니다."

전도자가 "생을 즐기라"고, 자신의 일로 "먹고 마시고 즐기는 것보다 좋은 것이 세상에 없다"고 한 말은 악한 자들이 세상을 장악하고 사람들을 고통에 빠뜨리는 해 아래 세상에서 그 허무한 권력의 지배에 굴복하지 않고, 기쁘게 살아가는 새로운 삶의 질서를 창조하라는 권면입니다. 하나님이 허락하신 인생에서 그분이 주신 것들로 "먹고 마시고 즐거워하는 삶"이란 결국 하나님 안에서 누리는 삶이기 때문입니다. 이러한 삶은 세상의 허무한 권력관계를, 지배와 피지배의 고통스러운 관계를 무력화합니다. 그리고 기쁨의 새로운 질서를 창조해 냅니다.

## 9장

# 거지 같은 세상

### 불공정한 세상에서도 행복할 수 있을까?

전도서 9장

정의롭지 못하고, 모호하며, 덧없는 해 아래 세상에서 하나님이 주신 것들로 삶을 경축하고, 고아와 과부, 가난한 이웃을 초청해 축제를 열 때, 덧없음으로 채색된 회색 빛 세상에 무지갯빛 기쁨이 가득한 새로운 세상이 창조됩니다. 그것이 우리가 받는 몫이자 보상입니다.

"세상, 참 거지 같네."

요리 연구가이자 기업인인 백종원 씨가 과거에 솔루션을 받은 원주 칼국수집 사장님 소식을 듣고 눈물 지으며 한 말입니다. 사장님은 큰아들을 먼저 하늘나라로 보내야 했습니다. 설상가상으로 운영하던 식당도 화재로 다 타 버리고 맙니다. 하지만 그분은 친절한 미소를 잃지 않습니다. 백종원 씨도 인정한 최고의 칼국수를 요리해서 손님들을 섬깁니다. 사장님의 삶에 감동한 백종원 씨가 인테리어 비용을 대기도 했죠.

그런데 그만 그 사장님이 암 수술 후, 투병하고 있다는 소식을 전해들은 것입니다. 백종원 씨가 그 소식을 듣고 눈물 지으며 혼잣말로 "세상, 참 거지 같네"라고 말한 것이 전파를 탔습니다. 진행을 맡은 김성주 씨와 정인선 씨도, 시청자도, 모두 울었습니다.

우리는 세상이 공정하기를 바랍니다. 착하고 성실한 사람이 부자가 되고, 건강하게 오래 살면 좋겠습니다. 정의로운 사람이 악당을 이기고 멋지게 승리하는 모습을 보고 싶습니다. 가해자가 처벌받고 피해자가 행복해지는 해피 엔딩을 꿈꿉니다.

그러나 우리는 인생이 공정하게 돌아가지 않는다는 것을 알고 있습니다. 저는 영화가 해피 엔딩으로 끝나지 않을까 봐 불안할 때가 있습니다. 인생이 공정하지 않다는 사실을 영화를 통해 다시 확인받고 싶지 않은 마음 때문입니다.

## 세상은 공정하지 않다

인생에는 공식이 없습니다. 세상은 공정하게 돌아가지 않습니다. 의인들이 이기길 바라지만, 악인들이 이기는 때도 있습니다. 착한 사람이 악한 사람보다 불행하게 살 때도 있습니다. 가해자는 멀쩡하게 잘 사는데, 피해자가 전학을 가거나 직장을 그만두고, 심지어 평생 정신적 트라우마를 안고 살아가기도 합니다. 예수 잘 믿는다고 해서 재앙이나 암이 피해 가는 것도 아닙니다.

의롭게 산 사람들과 지혜로운 사람들이 반드시 잘되리라는 보장이 없습니다. 전도자는 인생을 마음속으로 깊이 관찰하고, 생각한 결과, 깨달은 것을 이렇게 말합니다.

> 의로운 사람들과 지혜로운 사람들이 하는 일을 하나님이 조종하신다(9:1).

조금 어렵지요? 이럴 때는 다른 번역본을 살펴보면 좋습니다. 현대인의성경으로 읽어 보지요. "나는 신중하게 모든 일을 살펴보고 의로운 사람이나 지혜로운 사람이나 그들이 하는 모든 일이 하나님

그래서 나는, 행복하게 살기로 했다

의 손에 달려 있다는 결론을 내렸다." 공동번역 성경은 "착한 일을 하며 사는 슬기로운 사람은 하느님의 손 안에 있다는 것을 알지만, 사랑해 주실지 미워해 주실지는 알 길이 없다"고 번역했습니다.

요컨대, 선한 사람이든 지혜로운 사람이든 그들의 미래가 하나님의 주권적 통치 안에 있으므로 하나님에게 보상받아 미래에 잘될지, 그렇지 않을지는 아무도 알지 못한다는 뜻입니다. 선하게 살았다고 하나님이 반드시 보상해 주시는 것도 아니고, 지혜롭게 산다고 해서 반드시 좋은 결실을 보는 것도 아니더라는 것입니다. 신명기는 하나님의 계명을 지키는 자는 복을 받게 된다고 말하고, 잠언에서는 지혜로운 자가 부와 존귀를 차지한다고 말합니다. 그러나 전도자는 선하게 살고 지혜롭게 행한다고 반드시 좋은 결말에 이르는 것은 아니더라고 말합니다.

게다가 신앙인도, 이교도도, 무신론자도 모두 같은 운명을 맞이합니다.

> 모두가 같은 운명을 타고났다. 의인이나 악인이나, 착한 사람이나 나쁜 사람이나, 깨끗한 사람이나 더러운 사람이나, 제사를 드리는 사람이나 드리지 않는 사람이나, 다 같은 운명을 타고났다 (9:2).

그 운명이란 '모두 죽는다'는 것입니다. 선한 사람이나 악한 사람이나, 정결 규례를 잘 지키는 종교적인 사람이나 그렇지 않은 사람이나, 예배를 드리는 신앙인이나 그렇지 않은 사람이나, 맹세하는 사람이나 맹세하지 않는 사람이나 다 같은 운명을 맞이합니다. 우리는 모두 죽습니다.

전도자가 보기에 이것은 해 아래 세상에서 벌어지는 악한 일입니다. '거지 같은 일'이 세상에서는 매일같이 벌어지고 있습니다. 해 아래 있는 옛 세상은 공정하지 않습니다. 거지 같죠. 그래서 사람들은 애써 선하고 지혜롭게 살려 하지 않습니다. "인간이 같은 운명에 처해 있다는 것은 공평하지 못한 일이다. 그래서 사람들은 구태여 선하게 살려고 애쓰지 않고 한평생을 미친개처럼 살다가 결국 저 세상으로 가고" 마는 것입니다(9:3, 현대인의성경). 착하게 살아도 죽고, 지혜롭게 살아도 죽으니 선도, 지혜도 버린 채 미친 마음으로 죽어 갑니다.

언뜻 전도자는 선도, 지혜도, 의로움과 경건한 삶도 모두 부정하는 것처럼 보입니다. 그러나 전도서가 던지는 질문은 매우 심오합니다. "선을 행하고 지혜롭게 살아도 결국 다 죽을 텐데, 선을 행하고 지혜를 구해야 할 이유가 무엇인가?" 마치 전도서는 우리에게 이렇게 묻는 듯 보입니다. "선을 행하고 의롭게 사는 이유가 보상을 기대해서라면, 틀렸다. 보상은 있을 수도, 없을 수도 있다. 그럼에도 그대는 선을 행하고 의롭게 살아야 할 이유를 찾았는가?"

그래서 나는, 행복하게 살기로 했다

# 인생은 예측할 수 없다

솔트레이크시티에서 열린 2002년 동계 올림픽에서 일어난 일입니다. 쇼트트랙 1,000미터 경기에서 호주 선수 브래드버리는 1차 예선에서 3위로 들어옵니다. 예선 탈락으로 짐을 싸고 있는데 비디오 판독으로 2위 선수의 반칙이 밝혀져서 그가 2위에 올라 예선을 통과합니다. 준결승에서는 쟁쟁한 선수들이 선두를 다투다가 함께 넘어져 버립니다. 브래드버리는 운 좋게도 꼴찌에서 2등으로 들어와 결승에 진출합니다. 결승전에서도 하위권에서 성실하게 스케이팅을 하고 있는데, 선두권 선수들이 모두 넘어져 트랙 밖으로 밀려나는 일이 일어나 1위로 들어와 금메달을 목에 겁니다. 이후로 '브래드버리'라는 이름은 행운의 상징이 되었습니다.

삶이 우리 계산대로 작동하지 않을 때가 있습니다. 더 빠른 사람이 달리기에서 이기는 것은 당연하지만, 2002년 쇼트트랙 경기를 보면 꼭 그렇지만도 않은 것 같습니다. 우연과 행운, 그리고 우리가 계산할 수 없는 요소들이 작동하기 때문입니다.

> 빠르다고 해서 달리기에서 이기는 것은 아니며, 용사라고 해서 전쟁에서 이기는 것도 아니더라. 지혜가 있다고 해서 먹을 것이 생기는 것도 아니며, 총명하다고 해서 재물을 모으는 것도 아니며, 배웠다고 해서 늘 잘되는 것도 아니더라. 불행한 때와 재난은 누구에게나 닥친다(9:11).

전도자는 사람들이 자신의 불행과 재난을 예측해서 대비할 수 없다고 말합니다. 언제 불행을 만나고 재난이 닥칠지 알 수 없기 때문입니다. 함께 모여 예배드릴 수 없고, 마스크를 쓰는 삶이 일상이 되리라고 어느 누가 예측했겠습니까? 코로나 바이러스는 갑자기 그렇게 우리를 찾아왔습니다. 한 가정의 가장에게 불시에 암이 찾아오고, 젊은 나이에 장애를 입고, 한 아이의 엄마가 불의의 사고로 유명을 달리하는 이 모든 불행한 일은 지혜로도, 지식으로도, 총명으로도, 능력으로도 막을 수 없습니다. 우리는 우리의 미래를 알 수 없습니다.

곰에게 잡혀 먹지 않기 위해서는 함께 간 친구보다 빨리 달리면 된다는 공식이 먹히지 않을 때가 있습니다. 과학 기술과 막강한 자본을 가졌다고 해서 반드시 전쟁에서 승리하는 것도 아닙니다. 지혜로운 사람이지만 때를 만나지 못해 사업에 실패하는 경우도 많습니다. 부자가 되려면 이런저런 것을 해야 한다고 자신하던 총명한 사람들이 예측이 빗나가 비웃음을 당하기도 합니다. 그동안 배운 학문이 신기술의 등장으로 무용지물이 되기도 합니다.

즉 우리가 성공적이고 행복한 인생을 살려면, 이런저런 조건을 갖추어야 한다고 생각하는 것들이 있습니다. 건강해지려면 이런저런 음식을 챙겨 먹고 운동을 하고, 성공하려면 반드시 알아야 할 원리들이 있고, 인간관계에서 승리하려면 배워야 할 몇 가지 지혜가 있다고 사람들은 생각합니다. 그러나 전도자는 성공에 대한 이런 공식을 비웃습니다.

사람은, 그런 때가 언제 자기에게 닥칠지 알지 못한다. 물고기가 잔인한 그물에 걸리고, 새가 덫에 걸리는 것처럼, 사람들도 갑자기 덮치는 악한 때를 피하지 못한다(9:12).

## 지혜로운 사람이 인정받지 못할 때도 있다

사람의 지혜가 가치를 인정받지 못한 채 잊히기도 합니다. 잠언은 지혜를 얻는 자는 높아지고 존귀를 얻어서 아름다운 화관과 왕관을 쓰게 될 것이라고 말합니다.

지혜를 소중히 여겨라. 그것이 너를 높일 것이다. 지혜를 가슴에 품어라. 그것이 너를 존귀하게 할 것이다. 그 지혜가 아름다운 화관을 너의 머리에 씌워 주고, 영광스러운 왕관을 너에게 씌워 줄 것이다(잠 4:8, 9).

그러나 전도서는 인생이 그렇게 돌아가지 않는 경우를 보고 놀랐다고 말합니다.

나는 세상에서 지혜로운 사람이 겪는 일을 보고서, 큰 충격을 받은 적이 있다(9:13).

전도자는 자신이 본 장면을 이야기합니다. 주민이 많지 않은 작은 성읍이 있는데, 한번은 힘센 왕이 그 성읍을 공격하였습니다. 성 안에는 가난하지만 지혜로운 한 남자가 살고 있어서 지혜로 그 성을 구했습니다. 그러나 그는 곧 잊히고 맙니다. 그가 가난했기 때문입니다. 지혜는 그를 존귀하게도, 영광스럽게도 만들지 못합니다. 전도자는 이 불공정한 모습을 보고 크게 놀랐다고 쓰고 있습니다 (9:14, 15). 그가 부자이고 힘 있는 권력자여도 성 안 사람들이 그랬을까요? 왜 이런 일이 일어날까요? 해 아래 세상이 구부러져 있기 때문입니다.

전도자가 보기에 분명 지혜는 전쟁 무기보다 강합니다(9:16). 전쟁 무기를 이기는 힘이 지혜에 있습니다. 그러나 어리석은 통치자는 지혜에 귀를 기울이지 않습니다. "어리석은 통치자의 고함치는 명령보다는, 차라리 지혜로운 사람의 조용한 말을 듣는 것이 더 낫[습니다]"(9:17). 그러나 한 사람의 악한 통치는 많은 선한 것을 망치고 타락시킬 수 있습니다. 지혜가 전쟁 무기보다 낫지만 죄인 하나가 많은 선한 것을 망칠 수 있습니다(9:18). 가난하고 힘이 없다고 해서 지혜로운 사람의 말을 무시하는 어리석고 악한 통치자가 많은 선한 것을 망쳐 버립니다. 그리고 그를 따르는 사람들도 그를 닮아 분별력을 잃어버린 채 지혜의 목소리에 더는 귀를 기울이지 않습니다.

지혜롭고 선한 목소리들이 권력자들의 어리석고 악한 고함에 묻혀 버리는 일이 세상에서 얼마나 자주 일어나는지요. 신자유주의 시장 체제에서는 이런 일이 강화됩니다. 사람들은 선하고 지혜로운

그래서 나는, 행복하게 살기로 했다

말에 귀를 기울이지 않습니다. 돈 많고 힘 있어 보이는 사람들의 말을 더 신뢰하고 따릅니다. 그 결과 공동체의 선하고 아름다운 많은 것이 파괴되고 맙니다.

결국, 지혜롭고 선한 사람들이 인정받으려면, 선하고 지혜로운 통치자와 지혜를 분별할 줄 아는 백성의 공동체가 있어야 합니다. 전도자는 지혜와 선함이 인정받는 하나님 나라 백성의 출현을 기대합니다. 전도자는 돈 때문에 지혜가 묵살당하는 하나님 백성의 현실을 고발합니다. 전도자는 선지자입니다.

전도자가 당대 청년들을 향해 말하고 싶은 것은 무엇일까요? "지혜도, 선한 삶도 결국 가난하니까 인정받지 못하더라. 그러므로 돈을 많이 벌고, 권력을 가져라." 이런 말일까요? 아닐 겁니다. 제가 보기에 전도자는 청년들에게 도전하고 있습니다. 하나님의 백성조차 지혜를 개인의 영달과 출세를 위해 필요한 것이라고 믿고 있습니다. 열심히 공부하고 실력을 갖추려는 동기도 그런 것이겠지요. 그러나 그들이 몸담고 살아가는 공동체가 이미 악하고 어리석어 분별력을 잃어버렸다면, 지혜는 무용지물일 수밖에 없고 공정도 기대할 수 없습니다.

여호와를 경외한다는 것은 여호와의 말씀을 존중한다는 뜻입니다. 여호와를 경외하는 사람은 여호와의 말씀이 존중받는 하나님 나라를 세우는 일에 헌신할 것이 분명합니다. 바로 그 일이 예언자들이 상상하고 소망한 일입니다.

풀은 마르고 꽃은 시드나, 우리 하나님의 말씀은 영원히 서 있다. 좋은 소식을 전하는 시온아, 어서 높은 산으로 올라가거라. 아름다운 소식을 전하는 예루살렘아, 너의 목소리를 힘껏 높여라. 두려워하지 말고 소리를 높여라. 유다의 성읍들에게 "여기에 너희의 하나님이 계신다" 하고 말하여라. 만군의 주 하나님께서 오신다. 그가 권세를 잡고 친히 다스리실 것이다. 보아라, 그가 백성에게 주실 상급을 가지고 오신다. 백성에게 주실 보상을 가지고 오신다. 그는 목자와 같이 그의 양 떼를 먹이시며, 어린 양들을 팔로 모으시고, 품에 안으시며, 젖을 먹이는 어미 양들을 조심스럽게 이끄신다(사 40:8-11).

이사야는 하나님이 가르쳐 주시는 지혜로 지친 하나님의 백성을 일으켜 세우기 위해 모욕과 수치와 폭력을 견뎌 냅니다.

나는 나를 때리는 자들에게 등을 맡겼고, 내 수염을 뽑는 자들에게 뺨을 맡겼다. 내게 침을 뱉고 나를 모욕하여도 내가 그것을 피하려고 얼굴을 가리지도 않았다. 주 하나님께서 나를 도우시니, 그들이 나를 모욕하여도 마음 상하지 않았고, 오히려 내가 각오하고 모든 어려움을 견디어 냈다(사 50:6, 7).

## 삶이 죽음보다 낫다

'고대 이집트' 하면 무엇이 생각나십니까? 아마도 많은 사람이 피라미드를 떠올릴 것입니다. 피라미드는 왕의 무덤입니다. 스핑크스는 죽은 왕을 지키는 수호신이지요. 이집트 문명은 죽음으로 상징되는 문명입니다. 반면 기독교는 죽음의 종교가 아닙니다. 죽음 이후의, 현실 저 너머의 종교가 아닙니다. 기독교는 현실의 종교, 삶을 위한 종교입니다.

우리는 모두 죽습니다. 의인이든 악인이든, 기독교인이든 아니든 말이죠. 그러니 어떻게 살라는 것입니까? 의롭게 살기를 포기하고 죽을 날만 기다리라는 걸까요? 의인이나 그리스도인에게 주어지는 보상이 따로 없다고 포기하라는 걸까요? 이 악한 세상에서 참된 지혜는 묵살되고 마니까 침묵하고 가만히 있으라는 말일까요? 삶은 불확실성이 가득하므로 아무런 노력도 하지 말라는 걸까요?

전도자는 살아 있는 사람에게 희망이 있다고 말합니다. "살아 있는 사람에게는, 누구나 희망이 있다. 비록 개라고 하더라도, 살아 있으면 죽은 사자보다 낫다"(9:4). 이와 비슷한 한국 속담으로 "개똥밭에 굴러도 이승이 좋다"가 있습니다.

우리의 미래는 주님 손 안에 있습니다. 그러므로 우리는 언제 어떻게 죽을지 알 수 없습니다. 확실한 한 가지는 우리가 지금 여기에 살아 있다는 것입니다. 살아 있다는 것은 희망이 있다는 것입니다. 우리는 살아 있기 때문에 살아갈 수 있습니다. 보상이 주어지지 않아도, 지혜와 의로움과 선함과 사랑과 즐거움을 추구할 수 있습니다.

모든 사람에게 찾아오는 죽음은 절망을 의미하지만, 살아 있는 사람은 희망을 가질 수 있습니다. 살아 있는 동안에 우리는 더욱 지혜로운 존재가 되고, 의로움의 열매를 맺으며 더욱 선한 사람이 될 수 있습니다. 더 깊은 사랑의 사람이 되고, 생의 기쁨을 만끽할 수 있습니다. 살아 있으니까요! 살아 있으니 희망을 가지고 분투할 수 있습니다.

살아 있는 사람은 자기가 죽을 것을 압니다. 그러나 죽은 사람은 아무것도 모릅니다. 더 이상 보상도 없습니다. 사람들은 그를 오래 기억하지도 않습니다. 죽은 사람은 세상에서 일어나는 어떠한 일에도 참여할 수 없습니다.


죽은 이들에게는 이미 사랑도 미움도 야망도 없다(9:6a).


살아 있으므로 사랑도 하고, 미워도 하고, 꿈을 꾸며 살아갈 수 있습니다. 삶을 경축하십시오. 살아 있음을 기뻐하십시오. 죽음 앞에서 살아 있음을 온몸으로 생생하게 느끼십시오.


## 살아 있음을 경축하라


거지 같은 세상이지만, 살아 있기 때문에 할 수 있는 일이 있습니다.

불공정한 세상을 바라보며 탄식하면서 절망에 빠져 있지 말아야 합니다. 불공정한 세상을 살면서도 우리는 하나님이 주신 삶을 기뻐하며 경축할 수 있습니다. 전도자는 가장 강력한 표현으로 명령합니다.

> "즐거이 음식을 먹[어라!]"(9:7)
> "기쁜 마음으로 포도주를 마셔라!"(9:7)
> "언제나 옷을 깨끗하게 입고, 머리에는 기름을 발라라!"(9:8)
> "너의 사랑하는 아내와 더불어 즐거움을 누려라!"(9:9)
> "명령이다. 행복하게 살아라!"

전도자는 청년들을 향해 명령합니다. "삶을 축제로 만들라!" 허무함에 굴복하지 말고, 공정하지 못한 세상에 대해 한탄만 하지 말고, 악한 권력자들로 인해 절망하지 말고, 너의 인생을 축제로 만들라!

김순영 교수의 「일상의 신학, 전도서」에 따르면 구약에서 흰옷은 초대받은 잔치에 참여하기 위해 입는 옷입니다. 흰옷을 입고 머리에 기름을 바르는 것은 바로 그 축제를 위한 준비입니다. 전도자는 '항상' 흰옷을 깨끗하게 입고, 머리에 향 기름을 바르라고 합니다. 우리의 매일을 축제로 만들라는 명령입니다. 옷을 깔끔하게 입고, 은은한 향수도 뿌리십시오. 전도서의 다른 구절들은 '……가 …… 보다 낫다'고 말하지만 본문은 명령형임을 기억하십시오. "매일의 일상을 축제처럼 살라!"

전도자는 공정하지 못한 세상 속에서도 살아 있는 날들을 경축하고, 애써 수고하여 노동한 것으로 잔치를 베풀고, 사람들과 함께 행복하게 살아갈 것을 명령합니다. 우리가 허무한 세상에서 수고하며 노동하는 이유는 그렇게 땀 흘려 얻은 것으로 덧없는 세상에 즐거움과 기쁨의 식탁을 베풀어 축제를 벌이기 위함입니다. 전도자는 말합니다. "그것은 네가 사는 동안에, 세상에서 애쓴 수고로 받는 몫이다"(9:9b).

전도자가 먹고, 마시고, 즐거워하라고 명령한 것은 이기적인 욕망을 채우라는 뜻이 아닙니다. 전도자는 이미 솔로몬 왕의 입을 빌려 그것이 헛되고 헛되다는 것을 깨달아 말한 바 있습니다(2:1-11). 정의롭지 못하고, 모호하며, 덧없는 해 아래 세상에서 하나님이 주신 것들로 삶을 경축하고, 고아와 과부, 가난한 이웃을 초청해 축제를 열 때, 덧없음으로 채색된 회색 빛 세상에 무지갯빛 기쁨이 가득한 새로운 세상이 창조됩니다. 그것이 우리가 받는 몫이자 보상입니다.

요리법을 배우고, 재료를 사서 손질하고, 적당한 요리 도구를 갖추고, 예쁜 접시에 아름답게 플레이팅 하고, 투명한 유리잔에 열대 음료를 담고, 사람들을 초대해서 함께 웃고 함께 우십시오. 에티오피아 시다모도 내리고, 달콤한 디저트도 내야겠지요.

온라인 카페를 통해 베트남에서 온 한 젊은 가족을 알게 되었습니다. 앞에서 이야기한 홍덕과 도티레의 이야기입니다. 그들은 한국으로 유학 왔다가 사랑에 빠져 결혼하고 예쁜 아기도 낳았습니다. 아기가 첫돌을 맞았다는 소식을 듣고 성도들과 함께 파티를 준비했습니다. 돌잔치가 우리 집에서 벌어졌습니다. 코로나 기간이어서 다 함께 모일 수는 없었습니다. 홍덕과 도티레, 도티레의 어머니와 아기 미나, 그리고 우리 가족이 함께했습니다.

이 가족을 데리러 간 사이에 자매들이 와서 풍선을 달고, 집 안을 장식하고, 포토존도 만들었습니다. 우리는 한국식 잔치로 불고기와 잡채, 닭볶음탕, 갈비찜 등을 준비했습니다. 홍덕이 우리를 위해 베트남 요리를 만들어 대접했습니다. 당일에는 시간 간격을 두고, 한 사람씩 와서 미나를 위해 준비한 선물을 주었습니다. 방 하나가 가져온 선물로 가득 찼습니다. 행복했습니다. 도티레가 집으로 돌아갈 때 선물로 가득 찬 승합차 안에서 말했습니다. "목사님, 사모님, 오늘 너무 행복했어요. 감사합니다." 우리는 멋진 축제를 열었던 것입니다.

흰옷은 축제를 위한 옷입니다. 향유 바른 머리카락에서는 좋은 냄새가 납니다. 천종호 판사님의 북 콘서트에 참석했을 때, 뜻밖의 이야기를 들었습니다. 판사님의 가난한 어린 시절 이야기나, 부모님이 다투시는 중에도 공부에 집중할 수 있었다는 이야기, 보호 청소년들을 위해 집을 마련하고, 아이들과 매주 축구를 한다는 이야기보다 충격적으로 다가온 이야기였습니다. 바로 판사님이 매일 향수를 뿌리고 외출하신다는 것이었습니다.

전도자는 명품을 두르고 다니고 사치하라고 이야기한 것이 아닙니다. 그러나 환자복 같은 옷을 입고 병상에서 씻지 못해 악취를 풍기는 것처럼 사는 것은 살아 있음에 대한 모독일 수 있습니다. 아내는 예쁜 구제 옷을 구입해서 멋지게 차려입을 줄 압니다. 살아 있음을 경축하는 사람이라면, 하나님이 주신 삶이라는 축제에 걸맞게 차려입을 줄 알고, 좋아하는 향기를 내는 향수도 뿌려야겠습니다.

## 배우자와 더불어 즐거움을 누리라

배우자는 하나님이 주신 최고의 친구입니다. 전도자는 부부가 함께 즐거운 시간을 많이 보내라고 충고합니다. 헛된 날, 덧없는 모든 날에 우리가 사는 동안 세상을 살며 애쓴 수고로 받는 몫은 행복한 결혼 생활 그 자체라는 것입니다.

> 너희 헛된 모든 날, 하나님이 세상에서 너에게 주신 덧없는 모든 날에 너는 너의 사랑하는 아내와 더불어 즐거움을 누려라. 그것은 네가 사는 동안에, 세상에서 애쓴 수고로 받는 몫이다(9:9).

청년 사역을 오래한 덕분에 젊은 부부를 상담할 때가 많습니다. 다툼이 끊이지 않는 부부들의 특징은 '문제' 중심이라는 것을 발견합니다. 사람들은 흔히 부부 관계에서 누가 잘못했는지 시시비비를 가리고 갈등의 원인을 제거하면 부부 사이가 좋아질 것이라고 생각합니다. 해서, 끝없이 누가 잘못했는지를 따지죠. 해 봐서 알지만, 그럴수록 부부 관계는 더 나빠집니다.

부부가 끊임없이 문제를 바라보면, 그 문제가 모든 것을 장악하

그래서 나는, 행복하게 살기로 했다

게 됩니다. 해서, 우리는 상담받는 부부에게 즐거운 경험을 많이 하라고 조언할 때가 많습니다. 목구멍 저 깊숙이에서 따지고 싶은 것이 치밀어 오르더라도 잠시 내려놓고, 두 사람이 즐겁고 행복한 시간을 가지라고 조언합니다.

맛있는 것도 먹고, 로맨틱한 영화도 보고, 함께 예쁜 카페도 가면서 서로가 있어 감사하고 좋은 것들을 나누라고 합니다. 그러면 "마음이 안 풀렸는데 어떻게 그럴 수 있느냐"고 묻습니다. 우리는 그냥 해 보라고, 해 보면 안다고 말해 줍니다. 뜻밖에도 많은 부부가 그러고 나서는 부부 사이의 문제가 삶의 지극히 작은 일부분임을 발견합니다. 부부는 모든 것을 함께 나눌 수 있습니다. 헛되고 덧없는 인생살이가 행복해지려면 가까운 사람과 친밀한 우정을 나눌 수 있어야 합니다.

결혼하지 않은 사람도 마찬가지입니다. 결국 우리 삶을 풍요롭게 하는 것은 '관계'니까요. 우리는 행복해지기 위해서 돈을 벌고, 성공하고, 윗사람에게 인정받으려고 합니다. 그러나 정작 우리를 행복하게 하는 것은 가까운 사람들과의 친밀한 관계입니다. 파커 파머(Parker J. Palmer)가 말했듯이, 우리가 가꾼 공동체, 그 자체가 풍요이자 보상인 것입니다.

행복한 인생을 살고 싶으신가요? 관계에 투자하십시오. 배우자와의 관계를 위해 시간을 내고, 배우자와 즐거운 시간을 보내기 위해 연구해야 합니다. 그렇게 행복한 시간을 만들어 갈 줄 아는 사람이 인생의 진정한 승리자입니다.

# 일하라

이기기 위해서가 아니라, 재물을 모으고 자신의 배를 불리기 위해서가 아니라, 잘되기 위해서가 아니라, 자신이 하는 일 자체를 즐기십시오. 하나님이 맡기신 일을 기뻐하십시오. 일에는 직업적인 일만 있는 것이 아닙니다. 하지만 직업적인 일이 우리의 시간을 가장 많이 요구하니, 기왕 일하는 거 즐겁게 일할 수 있도록 그 일을 사랑해 봅시다. 계획을 세우고, 지식을 쌓고, 지혜롭게 일하는 법을 배워 봅시다. 일 자체를 사랑해 보는 겁니다.

일에는 돈을 버는 일만 있는 것이 아닙니다. 텃밭을 가꾸고, 시를 쓰고, 물고기를 키워 보십시오. 고양이도 좋겠습니다. 원목으로 책장을 만들어 보고, 맛있는 요리도 배우고, 책을 쓰고, 스쿠버 장비를 들고 바닷속으로 뛰어들어 봅시다. 세상의 모든 음악을 들어 보고, 기타를 연주하고, 작곡도 배워 봅시다. 그림은 어떤가요? 사랑하는 이들에게 손 편지를 써서 보내 보고, 유튜브 방송도 해 보고, 낚싯줄을 매 보고, 물고기도 낚아 봅시다.

즐거운 일도 좋지만 의미 있는 일도 해 봅시다. 새로운 언어를 배우고, 교회를 세우고, 단기 선교에 참여하고, 낯선 나라의 아이들을 돕고, 불행해진 사람을 돕기 위해 금식도 해 봅시다. 라틴어를 배우고, 레비나스를 읽고, 아우구스티누스도 공부해 봅시다. 환경을 보존하기 위해 일하고, 친구들에게 그리스도를 증거하고, 소그룹 사람들과 선한 일도 해 보아야지요. 우리는 살아 있으니까요.

그래서 나는, 행복하게 살기로 했다

아! 그리고 파티를 여는 겁니다. 외국에서 온 나그네들을 초대하고, 이웃도 초대해 봅시다. 인생을 축제로 만드는 겁니다.

세상, 참 거지 같습니다. 하지만 우리는 거지 같은 세상 속에서도 기쁨을 선택하며 살아갈 수 있습니다. 죽음이 우리에게 다가오고, 재난이 언제 들이닥칠지 알 수 없고, 정의와 공의가 구부러진 세상 속에서도 우리는 주님이 나눠 주신 것들로 범사에 감사하고, 항상 기도하며, 기쁨으로 살아갈 수 있습니다. 그리스도인의 기쁨은 피상적인 기쁨이 아닙니다. 그리스도인의 기쁨은 세상이 부조리하고, 그래서 슬플 수밖에 없지만, 그럼에도 살아 있음을, 그리고 하나님이 여전히 우리에게 기쁨의 선물을 선사하실 분임을 고백하는 자들의 기쁨입니다.

# 10장

## 어리석음이라는 누룩

### 어리석음으로부터 어떻게 행복을 지킬 수 있을까?

전도서 10장

적은 어리석음이 지혜로 쌓아 올린 모든 것을 망쳐 버릴 수 있다는 사실을 깨달으면, 우리는 자신의 지혜와 판단을 자만하지 않고 일의 결국을 주관하시는 하나님을 의지할 수 있게 됩니다. 성경이 말하는 어리석음이란 인생에서 하나님을 인정하지 않고 자신의 지혜와 판단을 의지하는 것을 말합니다.

멋진 설교로 청년들에게 희망을 주던 설교자가 한순간의 성 추문으로 무너집니다. 위대한 학문적 업적을 세운 학자가 나치를 지지함으로 명예가 실추됩니다. 성실하게 살아온 가장이 투자에 실패하고 빚더미에 올라앉아 창피를 당하기도 합니다. 공동체 안에서도 이런 일들이 일어납니다. 사람들이 피 흘려 싸워 쟁취한 민주주의가 어리석고 무능한 권력자들에 의해 한순간에 무너져 내리기도 합니다. 성실하게 일구어 온 견실한 기업들이 아들, 손자 대에 가서 어리석은 결정들로 하루아침에 망하기도 합니다.

행복한 인생을 살기 위해서는 지혜를 가지는 것이 가장 중요합니다. 지혜가 없으면 기업을 일으키거나, 화목한 가정을 이루거나, 좋은 인간관계를 맺거나, 성공적인 인생을 살 수 없습니다. 지혜는 인생을 살아가는 데 가장 중요한 벗입니다. 어리석음으로 이룰 수 있는 일은 세상에 없기 때문이죠. 그러나 지혜는 취약합니다. 지혜로 쌓아 올린 공든 탑이 도미노처럼 한순간에 무너질 수 있습니다. 행복한 삶을 살아가고 지키기 위해서는 어리석음에서 지혜를 지키는 법을 배워야 합니다.

## 지혜는 쉽게 무너질 수 있음을 알라

전도자는 말합니다. 향수에 빠져 죽은 파리 하나가 향수의 향기 전체를 변질시킬 수 있듯이, 적은 우매함이 지혜를 변질시켜 악취를 풍길 수 있습니다.

> 향수에 빠져 죽은 파리가 향수에서 악취가 나게 하듯이, 변변치 않은 적은 일 하나가 지혜를 가리고 명예를 더럽힌다(10:1).

전도자는 지혜를 향수에 비유합니다. 지혜가 필요 없다거나 어리석음이 좋은 것이라고 말하지 않습니다. 그는 지혜가 좋은 것이라고 긍정합니다. 지혜는 문제를 해결하고, 어떤 선택이 더 나은 선택인지 분별할 수 있게 해주며, 공동체를 공정하게 다스릴 수 있게 합니다. 하지만 지혜는 취약합니다.

때때로 "무기보다 강한 지혜"(9:16)가 가난 때문에 무시당할 수 있고, 통치자의 호령보다 지혜로운 사람의 조용한 말을 듣는 것이 낫지만, 지혜가 만들어 놓은 선한 것들을 죄인 하나가 다 망쳐 버릴 수도 있습니다(9:17, 18). 지혜는 그만큼 취약합니다.

전도자가 보는 지혜는 유용하나 무익하고, 성공을 돕기도 하지만 무능하기 그지없으며, 향수처럼 아름다운 향기를 내뿜기도 하지만 단 하나의 어리석음 때문에 쉬이 부패하기도 합니다. 가질 만한 가치가 있는 것이면서도, 가져 보았자 별 볼 일 없는 세상에서는 무능하고 하찮은 것이 되기도 합니다.

지혜의 취약성을 인정하면 어떤 일이 일어날까요? 적은 어리석음이 지혜로 쌓아 올린 모든 것을 망쳐 버릴 수 있다는 사실을 깨달으면, 우리는 자신의 지혜와 판단을 자만하지 않고 일의 결국을 주관하시는 하나님을 의지할 수 있게 됩니다. 성경이 말하는 어리석음이란 인생에서 하나님을 인정하지 않고 자신의 지혜와 판단을 의지하는 것을 말합니다.

행복한 삶을 지키려면 향기로운 우리 삶을 악취 나는 폐수로 만들어 버리는 '죽은 파리'를 주의해야 합니다. 적은 어리석음을 허용하기 때문에 애써 쌓아 올린 선한 것들이 파괴되는 일이 일어납니다. 성품 좋고 지혜로운 사람들이 편협함, 완고함, 분노, 돈 문제, 이성 문제, 우유부단함 등 작은 문제로 형편없이 곤두박질치기도 합니다. 다 좋은데 한 가지 악덕이 우리의 모든 신실함을 무너뜨릴 수 있습니다.

사람의 지혜로 쌓아 올린 좋은 것들은 매우 연약합니다. 전도자는 우리의 알량한 지혜가 얼마나 쉽게 변질될 수 있으며, 부스러지기 쉬운지를 보여 줍니다. 그러고는 우리 마음을 사람의 지혜에서 여호와 하나님에게로 향하게 합니다.

전도자는 하나님을 경외하고 그분이 주신 계명을 지키라고 명령합니다(12:13). 우리가 최선을 다해 쌓아 올린 그 모든 것은 부질없는 것이 되겠지만, 우리가 하는 일이 오직 그분 안에 있을 때에야 온전히 지켜질 수 있기 때문입니다.

하나님을 경외하고 그분의 계명을 신실하게 지키는 사람이 될 때, 적은 어리석음을 간과하지 않고 온전히 지혜로운 사람으로 자랄 수 있습니다. 세상의 지혜로 얻은 성공이 쉽게 부스러질 수 있음을 인정하면 고지에 오르려 하기보다 주님의 계명을 따라 사랑으로 살아가는 삶을 선택할 수 있습니다. 정의롭고 지혜로운 사람들이 세워 놓은 꽤 괜찮은 제도와 기획이 어리석은 지도자들에 의해 한순간에 무너지는 것을 볼 때에도 분노와 좌절에 빠지지 않고, 사람들을 초대해 "먹고, 마시고, 즐거워하며, 일하는 삶"으로 기뻐하기를 선택할 수 있을 것입니다.


## 항상 옳은 길을 선택함으로 지혜를 지키라

전도자는 말합니다. 개역개정 성경이 "지혜자의 마음은 오른쪽에 있고 우매자의 마음은 왼쪽에 있느니라"(10:2)고 번역한 것을 새번역 성경은 "지혜로운 사람의 마음은 옳은 일 쪽으로 기울고, 어리석은 사람의 마음은 그릇된 일 쪽으로 기운다"고 번역했습니다. 구약에서 오른편은 대체로 정의롭고 올바른 것을, 왼편은 그릇되고 불의한 것을 뜻하기 때문입니다. 공동번역 성경은 조금 더 나아가 이렇게 번역했습니다. "지혜로운 생각을 따르면 잘되지만 어리석은 생각을 따르면 실패하게 마련이다."

지혜자의 길은 윤리적이고 올바른 길입니다. 지혜자의 마음, 즉

그래서 나는, 행복하게 살기로 했다

그의 존재 중심은 옳은 길이 무엇인지 분별하려 애쓰고 그 길을 선택합니다. 그러나 어리석은 자의 마음은 옳은 길이 아닌 어리석은 길을 선택합니다. 어리석은 선택이란 윤리적으로 옳지 않은 선택을 의미합니다. 그가 어리석은 선택을 하는 이유는 아마도 돈과 재물에 대한 욕망 때문일 것입니다.

비록 지혜에 취약성이 있기는 하지만, 지혜가 가진 효용성을 부러 부정할 필요는 없습니다. 지혜는 일이 되게 만들어 미래의 번영을 가져오게 하지만, 어리석은 생각을 따르면 실패한다는 것은 보편적으로 알려진 지혜라고 할 수 있습니다. 그래서 권지성 교수는 「특강 전도서」에서 지혜를 소유한 자는 미래의 번영을 누리게 될 것이므로 어리석은 자가 아닌 지혜자의 길을 선택하라는 가르침이라고 말합니다.

의인은 어떤 길이 정의롭고 올바른 길인지를 묻지만 악인은 무엇이 자신에게 이익이 되는지를 묻습니다. 지혜로운 사람들은 이익과 올바른 삶이 충돌할 때, 올바른 삶을 선택합니다. 사람들은 올바르고 정의로운 삶을 선택하면 불행해지고 자신의 욕망을 악착같이 추구하는 자가 행복을 얻을 것이라고 생각하기도 합니다. 그러나 올바른 삶과 번영이 반드시 충돌하는 것은 아닙니다.

우리는 이 사실을 기업가 정신에서 찾아볼 수 있습니다. 성공한 사람들의 공통점이 무엇인지를 연구한 스티븐 코비(Stephen R. Covey)는 원칙을 지키는 삶이 성공의 길이라고 말합니다. 원칙을 지키는 사람은 장기적인 관점에서 사람들의 신뢰를 얻게 되어 성공의 길을 걸을 수 있다고 말합니다. 짐 콜린스(Jim Collins) 역시 위대한 성취를 이룬 위대한 기업들은 이익이 아니라 가치와 목적을 지켜 낸 기업이었다는 사실을 관찰을 통해 발견합니다.

사람이든 기업이든, 그 삶의 궤적이 그가 누구인지를 말해 줍니다. 사람의 마음은 그 사람이 살아온 삶의 방식으로 드러나게 되어 있습니다. 지혜로운 사람은 의로운 길을 걷고, 어리석은 사람은 죄인의 길을 걷습니다. 행복한 사람은 죄인의 길에서 걷지 않습니다. 행복한 사람은 의인의 길을 걷습니다.

> 복되어라. 악을 꾸미는 자리에 가지 아니하고 죄인들의 길을 거닐지 아니하며 조소하는 자들과 어울리지 아니하고, 야훼께서 주신 법을 낙으로 삼아 밤낮으로 그 법을 되새기는 사람. 그에게 안 될 일이 무엇이랴! 냇가에 심어진 나무 같아서 그 잎사귀가 시들지 아니하고 제철 따라 열매 맺으리(시 1:1-3, 공동번역).

참으로 지혜로운 사람, 신적인 지혜를 가진 사람의 마음은 어떤 길이 자신에게 유리한지로 판단하지 않습니다. 그의 마음은 하나님의 뜻과 계명을 행하는 데 몰두합니다. 인간의 지혜가 아니라, 하나님을 경외함으로 하나님의 길을 걷습니다. 결국 그가 열매를 맺습니다. 하나님의 법, 즉 하나님을 사랑하고 이웃을 사랑하는 길을 걷는 사람은 행복을 위한 일에 자신을 투자하는 사람입니다. 참된 행복이란 하나님과의 친밀한 관계와 우리를 행복하게 해줄 사람들과의 관계 속에 있기 때문입니다.

그러나 어리석은 사람은 하나님의 법이 아니라 자신의 욕망을 따라 삽니다. 궁극적으로 자신을 행복하게 해줄 수 없는 것들을 추구하기 때문에 행복의 열매를 기대할 수 없습니다. 행복하려면, 행복을 결실하는 나무에 투자해야 합니다. 우리를 결코 행복하게 만들 수 없는 일에 자신을 갈아 넣으면서 행복해지리라 기대하는 것은 망상입니다.

행복하려면 어리석은 사람의 길을 떠나 행복을 만들어 가는 사람들의 길을 걸으십시오. 그들은 이미 하나님의 법을 따라 배우자를 사랑할 줄 알고, 자녀들을 세울 줄 알며, 깊은 영적인 우정을 나눌 친구들과 함께 세상의 가난하고 연약한 자들을 사랑하며 사는 사람입니다. 그들과 함께 사랑의 길을 걸을 때, 행복은 선물로 주어질 것입니다.

## 좋은 태도를 유지하라

전도자는 지도자들 앞에서 좋은 태도를 가지라고 말합니다. 대형 서점에서 서가를 둘러보다가 「기분이 태도가 되지 않으려면」(떠오름 펴냄)이라는 책 제목을 보고 크게 깨우친 것이 있습니다. '기분과 태도는 분리할 수 있는 것이구나!' 우리는 기분대로 행동할 때가 많습니다. 기분과 태도를 분리하지 못하는 사람은 다른 사람들과 좋은 관계를 맺을 수 없을 겁니다. 특히 윗사람과의 관계는 더욱 그럴 것이라고 생각됩니다.

우리가 행복하게 살려면, 윗사람과의 관계가 중요하다는 것을 전도서는 거듭 우리에게 들려줍니다.

> 통치자가 너에게 화를 낼 때에, 너는 네 자리를 뜨지 말아라. 침착하면 큰 잘못을 막을 수 있다(10:4).

'통치자'로 번역된 단어는 왕보다는 낮은 계급의 통치자를 의미합니다. 우리 위에 있는 권위자를 말하죠. 그들이 우리에게 화를 낼수 있습니다. 그들이 부족해서 그럴 수도 있고, 우리가 잘못을 저질러서일 수도 있습니다. 본문에 그것이 누구의 잘못 때문인지는 나타나 있지 않습니다. 분명한 것은 그것이 누구의 잘못이든, 중요한것은 좋은 태도가 좋은 상황을 만들어 낼 수 있다는 것입니다.

통치자가 내 실수나 잘못 때문에 화가 났다면, 공손하고 겸손한태도로 침착하게 대응해야 합니다. 이때를 성장과 배움의 기회로선용할 수 있습니다. 우리의 실수나 잘못을 교정하고 지혜를 얻을수 있지요. 통치자의 잘못과 실수인데, 그가 나에게 화를 낼 때도있습니다. 이때에도 좋은 태도는 통치자의 생각을 바꿔 지혜로운조언을 받아들일 수 있게 합니다. 지혜는 좋은 태도 속에 담겨서 보존될 수 있습니다.

우리 안에서 일어나는 감정을 좋은 태도에 담아 전달하는 훈련

그래서 나는, 행복하게 살기로 했다

이 필요합니다. 비폭력 대화법을 훈련하는 것도 좋은 방법입니다. 상대방을 존중하는 태도로 '나 전달법'(I-message)으로 내 감정을 표현하는 훈련은 행복한 삶을 위한 필수 과정입니다.

학교에서 학생들에게 행복하게 사는 법을 가르칠 수 있다면 참좋을 거라는 생각을 해 봅니다. 물론 살아가는 데, 로그, 미분, 적분도 필요하고 경제 교육도 필요하지만, 모두에게 그런 것은 아닙니다. 어떤 이들은 외국어를 원어민처럼 해야 하지만, 모든 사람이 그렇게 되어야 하는 것도 아닙니다. 그러나 공감할 줄 아는 능력과, 기분을 좋은 태도에 담아 표현하는 대화법은 인생을 살아가는 모든이가 행복한 삶을 사는 데 필수적입니다. 물론 그렇다고, 나빴던 상황이 항상 바람직한 방향으로 정리되는 것은 아니라는 걸 알고서말입니다. 이것이 전도서의 지혜이기도 합니다.

## 지혜로운 지도자를 세우라

행복한 삶을 지키려면 지혜로운 지도자를 세울 수 있어야 합니다. 어떤 공동체든 리더의 가장 중요한 책무는 사람을 세우는 것입니다. 리더가 인사에 실패하는 일을 전도자는 재난이라고 말합니다. "내가 해 아래에서 한 가지 재난을 보았노니"(10:5, 개역개정). 그가 목격한 재난은 어리석은 사람을 높은 자리에 앉히고, 존귀한 사람을 낮은 자리에 앉히는 것입니다. "내가 보니, 좋은 말을 타고, 상전은

종처럼 걸어 다니는 일이 있더라"(10:7).

어떤 학자들은 이 본문을 혁명이 일어나서 사회 계급이 뒤집어진 것을 의미한다고 해석합니다. 그러나 본문에서 왕의 허물 혹은 어리석음을 이야기하고 있으므로, 이는 '자격이 안 되는 사람'을 리더의 자리에 올리고, '지혜롭고 유능한 사람'을 그 자리에서 끌어내리는 지도자의 실책을 의미한다고 보는 것이 자연스러울 것 같습니다.

전도자가 우리에게 말하는 것은 무엇입니까? 어리석은 지도자 한 사람이 어리석은 사람들에게 리더십의 자리를 내어 줌으로 공동체를 재난에 빠뜨릴 수 있다는 것입니다. 지도자를 잘못 선택해서 발생하는 문제는 문자 그대로 재난 수준입니다. 좋았던 교회 공동체가 어리석은 목사나 외골수 장로를 선택하여 깨지는 일이 자주 일어납니다. 무능하고 어리석은 정치 지도자가 애써 쌓아 올린 민주주의를 한순간에 물거품으로 만들어 버리고 국민을 위험에 빠뜨립니다.

행복한 인생을 사는 데 좋은 영적 지도자 혹은 멘토를 만나는 일은 중요합니다. 예수님이 도둑이요, 강도라고 말씀하신 악한 영적 지도자들은 성도의 영혼과 육신을 피폐하게 합니다. 심한 경우 성도들은 가스라이팅을 당하기도 하고, 육체적, 물질적 착취를 당하기도 합니다. 사이비 종교에 빠진 사람들은 강제 노역과 폭력에 시달리기도 하고, 재산을 빼앗기기도 합니다. 악한 지도자들은 하나님의 말씀으로 성도를 먹이기보다 자신을 살찌우는 데 관심이 있습니다. 선지자 에스겔도 이런 지도자들을 비판했습니다.

그래서 나는, 행복하게 살기로 했다

"사람아, 너는 이스라엘의 목자들을 쳐서 예언하여라. 너는 그 목자들을 쳐서 예언하여라. '나 주 하나님이 이렇게 말한다. 자기 자신만을 돌보는 이스라엘의 목자들에게 화가 있을 것이다! 목자들이란 양 떼를 먹이는 사람들이 아니냐? 그런데 너희는 살진 양을 잡아 기름진 것을 먹고, 양털로 옷을 해 입기는 하면서도, 양 떼를 먹이지는 않았다. 너희는 약한 양들을 튼튼하게 키워 주지 않았으며, 병든 것을 고쳐 주지 않았으며, 다리가 부러지고 상한 것을 싸매어 주지 않았으며, 흩어진 것을 모으지 않았으며, 잃어버린 것을 찾지 않았다. 오히려 너희는 양 떼를 강압과 폭력으로 다스렸다. 목자가 없기 때문에, 양 떼가 흩어져서 온갖 들짐승의 먹이가 되었다'"(겔 34:2-5).

어리석고 악한 지도자를 만나는 일은 행복을 파괴하고 재앙을 불러옵니다. 그러나 예수님과 같이 선하고 지혜로운 지도자들은 교회 공동체의 삶을 풍성하게 합니다. 교회 공동체의 삶을 풍성하게 만드는 것은 바로 예수 그리스도의 말씀입니다.

그리스도의 말씀으로 세워진 성도의 교회 공동체는 정의로울 것이며, 공의를 행하는 사람으로 가득할 것입니다. 그런 공동체는 그리스도의 계명을 따라 서로를 깊이 사랑할 것입니다. 하나님의 지혜가 그 공동체에 깃들어 있어 행복한 삶을 개척해 나갈 것입니다. 진리를 분별할 줄 알기 때문에 거짓은 발붙일 데 없을 것이며, 진실은 언제나 환영받을 것입니다. 어려운 사람이 나타나면, 성심껏 물질을 내어 서로를 섬길 것입니다. 이 모든 일의 절반은 지도자의 몫이라고 해도 과언이 아닙니다.

초대 교회 때부터 거짓 교사, 자칭 메시아는 항상 있었습니다. 사도들은 그들을 주의할 것을 언제나 이야기했습니다. 그러면 어떻게 어리석고 무능한 리더를 분별해 내고, 지혜로운 리더를 선택할 수 있을까요?

그의 삶의 궤적을 살펴보십시오. 그는 이익보다 옳은 길을 선택하며 살아온 사람입니까? 하나님 말씀을 주야로 묵상하고, 그 말씀을 따라 먼저 그 나라와 의를 구해 온 사람인가요? 자신의 재정을 가난한 자들에게 흘려보내기를 애쓰고, 이익과 정의 사이에서 정의를 선택해 온 사람입니까? 말씀을 사랑하고 말씀대로 사는 것을 기쁨으로 여기며 살아온 사람인가요? 명심하십시오. 우리의 행복에서 정말 많은 부분이 우리가 따를 영적 리더에게 달려 있다는 사실을 말입니다.


## 지속적으로 지혜를 연마하고, 겸손하라

지도자 한 사람이 세상의 위, 아래를 뒤집어 놓을 수 있듯이, 우리의 일상에서도 주체와 객체가 뒤집히는 일이 종종 일어납니다. 지혜는 성공을 도울 수 있습니다. 그러나 지혜롭게 일해도 어쩔 수 없이 사고가 일어날 수 있습니다. 기술자들이 기술을 통해 일을 지배하지

만 어쩔 수 없이 일어나는 우연한 사고 앞에서는 속수무책일 때가
있습니다.

> 구덩이를 파는 자는 거기에 빠질 수가 있고, 담을 허무는 자는
> 뱀에게 물릴 수가 있다. 돌을 떠내는 자는 돌에 다칠 수가 있고,
> 나무를 패는 자는 나무에 다칠 수가 있다. 도끼가 무딘데도 그
> 날을 갈지 않고 쓰면, 힘이 더 든다. 그러나 지혜는 사람을 성공
> 하도록 돕는다(10:8-10).

구덩이를 파는 일과 담을 허무는 일을 사람에게 해를 입히기 위
해 함정을 파는 일이나 이웃집을 침범하기 위한 행위라고 보는 사
람도 있습니다. 그렇게 보면, 악한 일을 하다가 도리어 자신이 당하
게 된다는 고전적인 지혜를 말하는 것으로 해석될 수 있습니다.

그러나 "도끼가 무딘데도 그 날을 갈지 않고 쓰면, 힘이 더 든다.
그러나 지혜는 사람을 성공하도록 돕는다"라는 10절은 바쁘더라도
도끼를 갈아 쓰는 것이 지혜라고 이야기합니다. 이 말씀은 일상적
인 일과 관련되므로 구덩이를 파거나 담을 허무는 일도 사람들이
일상적으로 하는 일을 가리킨다고 보는 것이 옳은 것 같습니다.

우리는 대체로 우리가 일을 통제하고 있다고 생각하지만, 오히
려 일에 공격당할 때가 있습니다. 지식이나 기술이 우리가 원하는
목표를 이뤄 주지 못하고, 오히려 우리를 다치게 할 때가 있습니다.
구덩이를 파다가 사람이 구덩이에 빠질 수가 있습니다. 담을 허물

다가 그 담에 숨어 있던 뱀에 물릴 수 있습니다. 돌을 떠내다가 돌에 다칠 수 있습니다. 나무를 패다가 나무에 다칠 수도 있습니다. 그렇다고 해서 집을 짓는데 구덩이를 파지 않을 수는 없습니다. 나무를 패지 않으면 건축할 수 없습니다. 기왕 일을 하려면, 우리는 지혜를 연마해야 합니다.

전도자는 우리에게 말합니다. 이미 쓰고 있던 도끼 날이 무뎌졌는데도 계속 그 도끼를 쓰는 것은 작업을 더욱 힘들게 한다는 것이죠. 하던 일을 그저 열심히 하는 것은 어리석은 일입니다. 지혜를 연마해야 합니다. 지혜는 성공적으로 일할 수 있도록 돕습니다. 유대인들은 열심히 일하지 말고, 지혜롭게 일하라고 배웁니다. 일보다 우리 자신이 중요합니다. 우리는 어리석게 열심히 일함으로 자신을 다치게 하지 말고, 지혜롭게 일함으로 삶을 구원해야 합니다. 우리가 지속적으로 자기를 계발하고, 책을 읽고, 공부하고, 멘토를 만나야 하는 이유가 여기에 있습니다.

분명히, 지혜는 성공할 수 있도록 돕는 유일한 길입니다. "지혜는 사람을 성공하도록 돕는다"(10:10b)라는 전도자의 진술은 사실입니다. 사람의 지혜는 인류가 행하는 일들을 놀랍게 성공시켰습니다. 지혜는 인류에게 놀라운 기술 발전을 가져다주었습니다. 인류는 기술의 비약적인 발달로 전에 없는 풍요를 누리고 있습니다.

인류는 지혜로 기술을 발전시켰지만, 이는 환경 오염과 전에 없던 질병도 함께 가지고 왔습니다. 태평양에 형성된 대규모의 쓰레기 섬들, 가난한 나라의 하천에 산같이 쌓여 가는 헌 옷들, 우리가 날마다 소비하는 화석 연료에서 뿜어져 나오는 대량의 이산화탄소로 말미암은 기후 온난화, 또 그로 인한 생물 종의 멸종과 전염병의 확산, 후쿠시마 원전 사고로 인한 방사능 오염⋯⋯. 게다가 핵무기를 포함한 대량 살상이 가능한 첨단 무기의 출현은 전 인류의 생존을 직접적으로 위협하고 있습니다.

처음 기계가 발명되었을 때, 사람들은 기계가 노동을 대신하고 자신들은 예술 활동과 여가를 즐길 수 있으리라 믿었습니다. 그러나 지금, 노동 시간은 줄어 들지 않았을 뿐 아니라 기계가 노동자의 생존을 위협하고 있습니다. 전기가 없던 시절에는 해가 지면 잠을 자거나 쉴 수 있었지만, 전기의 발명으로 야근과 밤샘 근무가 가능해졌습니다. 빈부 격차의 주범도 바로 '기술'이라고 할 수 있습니다. 기술과 자본을 가진 사람은 부유해지고, 가지지 못한 사람은 가난해질 수밖에 없습니다. 과학 기술은 오로지 부자와 강대국을 위해 봉사하지, 가난한 사람들의 삶을 개선하는 데는 사용되지 않습니다.

"뱀을 부리지도 못하고 뱀에게 물리면, 뱀을 부린다는 그 사람은 쓸데가 없다"(10:11). 뱀을 부리는 사람은 엄청난 전문가가 분명합니다. 개역개정 성경은 그를 '술객'으로 번역했습니다. 그는 고대 사회에서 주술적인 언어와 행위에 통달한 고도의 전문가로 대우받았습니다. 그는 당대의 지혜자에 속하는 사람입니다. 그러나 그런 그에게도 어쩔 수 없는 사태가 발생하기도 합니다. 뱀을 부리기도 전에 뱀에 물리면, 그의 놀라운 지혜도 아무 쓸모 없는 것이 되고 맙니다.

즉, 우리가 아무리 높은 수준의 숙련도와 기술을 익히고, 지혜롭게 일한다고 해도 예상치 못하게 찾아오는 사건과 사고는 막을 수 없습니다. 여기서 전도자는 지혜의 가치를 인정하면서도, 지혜를 과신하는 교만을 경계합니다. 하여, 진정으로 지혜로운 삶을 추구하는 사람은 겸손하게 자신의 지혜와 기술의 한계를 인정하는 사람입니다. 오직 어리석은 사람만이 자신이 가진 지혜와 기술을 맹신합니다. 겸손이야말로 참으로 지혜로운 사람의 미덕입니다. 우리가 모든 것을 통제할 수는 없습니다.

전도자는 스스로 지혜 있다고 말하는 사람들, 이른바 스스로를 전문가라고 여기며 해답을 알고 있다고 짐짓 뻐기는 자들, 자신은 틀릴 수 없으므로 타인들을 향해 틀렸다고 말하는 꼰대들을 향해 겸손하라고 말하고 있는지도 모릅니다. 지혜로우면서도 자신이 아는 것이 전부가 아니라는 사실을 인정하는 겸손한 이가 매력적인 사람입니다.

### 언어에 지혜를 담으라

> 지혜로운 사람은 말을 해서 덕을 보고, 어리석은 사람은 제 입으로 한 말 때문에 망한다(10:12).

사람의 지혜는 언어에 담깁니다. 누가 지혜로운 사람이며, 누가 어리석은 사람인지는 그의 말을 들어보면 알 수 있습니다. 지혜로운

그래서 나는, 행복하게 살기로 했다

사람은 그의 말 때문에 사람들에게 사랑을 받습니다. 그러나 어리석은 자들의 말은 자기를 삼킬 뿐만 아니라 많은 사람을 불구덩이 속으로 끌고 들어갑니다.

> 어리석은 자의 입에서 나오는 말은, 어리석음으로 시작해서 사악한 광기로 끝난다. 그런데도 어리석은 자는 말을 하고 또 한다 (10:13, 14a).

어리석은 자들은 자신의 어리석은 말 때문에 파멸하는데도, 말하고 또 말합니다. 누구도 그들에게 그들의 미래가 어떻게 될지 말해 주지 않습니다. 그들의 말뿐 아니라 삶에 있어서도 마찬가지입니다. 13절에서 "어리석음으로 시작해서"라는 말은 어리석은 자의 말과 삶은 자신의 어리석음이 그 시작, 즉 기초를 이룬다는 뜻입니다. NLT 성경은 "foolish assumption", 즉 그들의 생각은 어리석은 가정들 위에 형성된 것이라고 번역했습니다. 그리고 그러한 언어의 끝은 사악한 광기라고 선언합니다.

어리석은 자는 말하고 또 말합니다. "말을 하고 또 한다"는 표현은 영어 "multiplies"를 번역한 것입니다. 어리석은 자의 말은 증식됩니다. 그리고 그 말들은 광기로 끝납니다. 제주에서 일어난 4.3 사건을 기억해 보십시오. 제주 4.3 사건을 일으키고 가담한 한국 교회의 청년들은 잘못된 가정, 즉 제주도 사람들은 모두 빨갱이라는 '어리석은 말'에 전염되어 있었고, 그 말들은 증식되고 증식되었습니다. 그리고 그들의 결국은 제주도 사람 14,000명을 학살하는 광기로 끝나고 말았습니다.

지금도 그런 일들이 일어나고 있습니다. 악의적인 누군가에 의해 가짜 뉴스가 조작되어 어리석은 사람들에게 영향을 끼칩니다. 가짜 뉴스는 어리석은 사람들의 생각 속에 어리석은 가정을 형성합니다. 어리석은 사람들은 가짜 뉴스를 말하고, 또 말합니다. 확인되지 않은 가짜 뉴스는 또 다른 어리석은 사람들에게로 전염병처럼 증식되어 종국에는 광기로 끝나고 맙니다. 그래도 어리석은 사람은 말을 하고 또 합니다.

우리는 진실이 이기고, 지혜 있는 자의 말이 신뢰받는 것을 보고 싶습니다. 그러나 "무슨 일이 일어날지 아는 사람은 없다"(10:14)는 것이 전도자의 결론입니다. 우리는 어리석은 자들이 일으키는 광기를 지켜보아야만 할 때가 있습니다. 지혜가 이길지 어리석음이 이길지, 광기로 끝날지 평화로 끝날지 아는 사람은 아무도 없습니다. 전도자는 해 아래 세상에서 인간의 지혜가 얼마나 묵살당하기 쉬운지, 또 어리석음이 어떻게 큰 영향력을 가지게 되는지를 보여 줍니다.

허면, 우리는 말하기를 그쳐야 할까요? 어리석음이 승리하도록 방관하고 있어야 할까요? 아닙니다. 성경의 예언자들은 어리석음과 광기의 말들이 홍수를 이룰 때에도 언어에 지혜를 담아 '말하기'를 포기하지 않았습니다. 그리고 그 말을 전수할 공동체를 세우고 보존하려 했습니다. 광기의 시대라고 해서, 침묵이 답이 될 수는 없습니다.

그래서 나는, 행복하게 살기로 했다

그 결과가 광기로 끝날지, 덕으로 끝날지 알 수 없습니다. 선택은 우리에게 달려 있습니다. 그럼에도 우리는 침묵할 것이 아니라 지혜로운 말을 하기로 선택할 수 있습니다. 어리석은 자의 입은 다물게 하고, 지혜로운 말들이 넘쳐나게 할 수 있습니다. 광기의 언어가 칼춤을 추는 어리석은 시대에도 예언자들은 하나님의 말씀을 전했습니다. 그들의 언어가 무시당할 때나 덕을 얻을 때나 상관하지 않고 지혜로운 말을 한 것입니다.

예언자들은 말하기를 그치지 않았습니다. 그들은 아침마다 하나님에게 귀를 기울여 '학자같이 알아들었고', 어리석은 자들이 지배하는 시대에 피곤에 지친 사람들을 '학자의 혀'로 위로할 수 있었습니다. 앞으로 일어날 일을 말해 줄 수 있는 사람은 아무도 없습니다. 해 아래 세상에서는 어리석은 말들이 지혜로운 사람의 말을 압도할 수도 있습니다. 그러나 하늘의 하나님을 경외하는 우리는 하나님에게 배운 지혜로운 말로 "제 집으로 가는 길조차 못 찾는 어리석은 자들", 그래서 행하는 모든 일이 피곤할 뿐인 사람들(10:15)을 안위하기를 그치지 말아야 합니다. 하나님은 심판주이시며, 우리는 하나님을 경외하는 자이기 때문입니다.

히틀러가 메시아라는 광기가 독일의 광장을 가득 메울 때, '히틀러 만세'라는 뜻의 '하일 히틀러'(Heil Hitler)라는 종교적인 외침이 독일의 공기를 진동할 때, 독일 고백교회의 목사들과 신도들은 하나님 말씀을 전하고 행하기로 결단합니다. 그들은 자신들의 미래가 어떻게 될지 알 수 없었고, 장애인과 유태인들을 돌보아야 한다는 설교를 마친 후 포로수용소로 끌려가 최후를 맞기도 했지만, 하나님을 경외하기에 성경 본문을 통해, 하나님의 공동체를 향해 하나님이 하시기를 원하는 말을 전했습니다.

하나님 나라는 언어에 지혜를 담은 사람들의 공동체입니다. 예언자들의 말에 귀를 기울이는 공동체 안에서 아름다운 지혜가 보존됩니다. 메시아 예수를 "십자가에 못 박게 하소서"라는 광기가 광장을 가득 메울 때에도 예수의 지혜로운 말씀은 제자들의 공동체를 통해 보존되었습니다. 예수께서는 제자들에게 모든 민족을 제자로 삼아 분부하신 것을 가르쳐 지키게 하라고 명령하시고, 바울은 디모데에게 맡은 것, 즉 복음을 잘 지키라 당부합니다. 우리의 언어는 무엇을 담고 있나요? 우리의 교회는 어떤 말의 공동체인가요?


## 지혜로운 리더십 공동체를 세우라

본문은 두 종류의 리더십 공동체를 비교합니다. 한 부류는 어리고 어리석은 지도자와 함께 탐욕과 쾌락을 위해 자신의 권력을 사용하는 공동체이고, 또 한 부류는 잘 훈련된 지도자를 세우고, 자신을 잘 관리하는 사람이 되어 자신에게 맡겨진 힘으로 사람들을 섬기는 공동체입니다.

왕은 어리고, 대신들은 이른 아침부터 잔치에 빠져 있는 나라여,

그래서 나는, 행복하게 살기로 했다

너는 저주를 받을 것이다. 왕은 출신이 고귀하고, 대신들은 취하려고 해서가 아니라, 건강을 지키려고 제때에 먹는 나라여, 너는 복을 받을 것이다(10:16, 17).

본문에서 우리는 지혜로운 리더십 공동체가 어떤 공동체인지를 알 수 있습니다. 우리가 속한 단체나 교회에 적용해 보아도 좋겠습니다.

첫째, 지혜로운 리더십 공동체는 잘 훈련된 리더를 세웁니다. '출신이 고귀하다'는 것은 좋은 훈련을 잘 받았다는 의미입니다. 고대 사회에서 교육과 훈련은 가정에서 이루어졌습니다. 정약용이 아들들을 가르친 것을 보십시오. 우리도 가정에서 좋은 교육과 훈련을 통해 훌륭한 리더들을 길러 내야 합니다. 망하는 공동체의 리더십은 자신을 훈련하지 않습니다. 경험과 지식을 쌓지 않습니다. 왕이 어리다는 것은 리더로서 전혀 훈련받지 못했다는 뜻입니다. 지혜로운 공동체의 리더십은 자신을 훈련하는 공동체입니다.

둘째, 지혜로운 리더십 공동체는 자기 관리를 통해 자신을 건강하게 지킵니다. 제때 챙겨 먹으며 건강하게 자신을 보살핍니다. 백성을 잘 돌보기 위해서입니다. 훌륭한 리더십 공동체는 남을 위해 자신을 관리하는 리더들의 공동체입니다.

반면, 망하는 리더십 공동체는 탐욕과 쾌락을 위해 먹고 마십니다. 그들에게는 절제가 없습니다. 자신의 욕망을 채우는 것이 다른 어떤 것보다 중요합니다. 중요한 업무가 있어도 술은 마셔야 되는 지도자들은 그가 맡은 공동체를 파멸로 이끕니다.

이런 이들 때문에 나라가 저주를 받을까 걱정입니다. 그들은 자기 백성의 삶에 관심 없고, 오직 자신의 욕망을 채우는 일에만 관심 있습니다. 부자들의 세금은 깎아 주고, 가난한 사람들의 복지에는 관심 없는 지도자들이 그런 자들입니다. 그런 지도자들이 다스리는 나라는 저주를 받습니다. 문제는 리더의 잘못으로 그 나라 시민 모두가 저주를 받을 수 있다는 것입니다.

셋째, 망하는 리더십 공동체는 대들보가 무너지고 지붕은 새게 됩니다. "게으른 자의 집은 들보가 내려앉고, 손이 놀면 지붕이 샌다"(10:18). 대들보는 집을 떠받치는 기둥인데, 그것이 무너지면 온 집이 무너집니다. 고대 이스라엘에서는 지붕에 석회를 발랐다고 합니다. 부지런하게 보수하지 않으면 지붕이 샙니다. 지붕이 샌다는 것은 더 이상 집이 아늑하게 보호할 수 있는 공간이 될 수 없다는 뜻입니다.

반면 좋은 리더십 공동체는 부지런히 일합니다. 게으른 지도자와 달리 그들은 공동체 구성원들이 행복하고 안전할 수 있도록 부지런히 공동체를 보살핍니다. 그들은 공동체를 든든하고 아늑한 안식처로 만들어 가는 사람들입니다.

넷째, 선한 리더십이 만들어 가는 공동체는 백성의 일상이 잔치가 되게 합니다. "잔치는 기뻐하려고 벌이는 것이다. 포도주는 인생을 즐겁게 하고, 돈은 만사를 해결한다"(10:19). 원문을 직역하면 이렇습니다. "빵은 웃음을 만들고, 포도주는 삶을 즐겁게 하며, 돈은

그래서 나는, 행복하게 살기로 했다

모든 것을 해결한다.”

　“돈은 만사를 해결한다”는 구절 때문에 앞 내용을 뒤집는 내용으로 해석하기도 합니다. 즉, 좋은 리더십 따위는 돈의 힘에 비하면 아무것도 아니라는 식으로 해석하는 것이죠. 하지만 김순영 교수는 「일상의 신학, 전도서」에서 전도자가 먹고, 마시고, 즐거워하는 삶을 항상 긍정해 왔다는 것을 기억한다면, 이 말씀은 지혜로운 리더십의 역할로 보는 것이 더 자연스럽다고 말합니다. 성경은 돈이나 물질을 악마화하지 않습니다. 사람들이 행복하게 사는 데는 돈이 필요합니다. 게다가 먹고, 마시고, 즐거워하는 데 그리 많은 돈이 필요하지는 않습니다.

　선하고 지혜로운 리더는 그들이 이끄는 사람들이 안전하게 보호받을 수 있는 공간을 창조하며, 일상을 축제로 만들 줄 아는 사람이라고 할 수 있습니다. 그들은 공동체 구성원들을 섬기기 위해 절제하며, 자신의 욕망보다 사람들의 행복을 위해 헌신하되, 부지런히 그 일을 감당합니다.

　어리석음에서 지혜를 지키는 일은 쉽지 않습니다. 지혜는 쉬이 변질되기도 하고, 묵살당하기도 합니다. 어리석음이라는 누룩은 의외로 힘이 셉니다. 때로는 어리석음이 이길 때도 있으며, 지혜로 세워 놓은 것들을 한순간에 허물어뜨리기도 합니다. 잘 세워 놓은 공동체가 어리석은 소수의 리더에 의해 쉽게 파괴되기도 합니다. 하지만, 지혜는 지켜져야 할 가치가 있습니다.

# 11장

## 불안한 미래

### 미래가 불안할 때도 행복하게 살 수 있을까?

전도서 11장

인생은 필연적인 불행과 우발적인 불행으로 미래를 확실하게 예측할 수 없습니다. 그렇다고 안전해질 때까지 기다릴 수도 없습니다. 수수께끼 같고 확실한 것을 기대할 수 없는 모호한 인생이지만 결실을 하려면 위험한 모험을 감행해야만 합니다.

우리는 미래를 알 수 없습니다. 미래를 알 수 있다면, 애플이나 테슬라처럼 엄청나게 성장할 회사를 미리 알아보고 주식을 사 모았겠죠? 경제적인 공황이 오고, 질병이나 재앙이 들이닥치는 때를 알면 위기에 적절하게 대응해 안전을 보장받을 수 있을 텐데 말입니다.

코로나 바이러스가 불러온 사태는 다가올 미래를 대비하는 데 인간이 얼마나 무능한지를 보여 주었습니다. 21세기에 전쟁이 일어날 것이라고 예상하지 못했지만, 지금도 러시아와 우크라이나의 전쟁이 계속되고 있습니다. 그로 인해 세계 경제가 기울고, 인플레이션으로 물가가 폭등해 서민의 삶을 어렵게 하고 있습니다. 불과 한두 해 전만 해도 부동산 가격은 결코 떨어지지 않을 것만 같았지만, 이 글을 쓰고 있는 지금 신축 아파트는 미분양으로 골머리를 앓고, 부동산은 폭락을 거듭하고 있습니다.

반면에 빛을 보지 못하다가 어마어마한 이익을 본 사람도 생겼습니다. 일부 제약 업체, 배달업, 마스크 업체, 방송 장비 및 전자 기기 업체, 이차 전지 업체 등은 전에 없는 호황을 맞았습니다. 이런 이야기를 들을 때마다 "아, 거기 주식 사 놓을 걸" 하죠. 하지만 우리는 놓친 버스를 바라보는 사람처럼 이미 지나간 미래를 그리워합니다.

게다가 4차 산업 혁명과 기후 변화 등이 몰고 올 미래는 우리를 더욱 불안하게 만듭니다. 다가올 미래를 상상해 보려고 하지만, 어떤 미래가 우리를 기다리고 있는지 알 수가 없습니다. 미래를 예측하는 일은 점점 어려워지고 있습니다. 그러면, 우리는 어떻게 미래를 대비해야 할까요?

### 당신이 가진 부로 사람들의 성공을 위해 나누고 베풀라

전도자는 미래를 위해 사람에게 투자하라고 말합니다. 사람에게 투자하는 것이 가장 많은 이윤을 남기는 장사라는 것입니다. 본문은 다양하게 해석될 수 있습니다. 해서, 번역도 다양합니다.

개역개정 성경은 "너는 네 떡을 물 위에 던져라 여러 날 후에 도로 찾으리라"(11:1)고 원문을 거의 직역했습니다. 새번역 성경은 의미를 살려서 "돈이 있으면, 무역에 투자하여라. 여러 날 뒤에 너는 이윤을 남길 것이다"라고 번역했고, 공동번역 성경은 "돈이 있거든 눈 감고 사업에 투자해 두어라. 참고 기다리면 언젠가는 이윤이 되어 돌아올 것이다"라고 번역했습니다.

학자들은 "떡을 물 위에 던져라 여러 날 후에 도로 찾으리라"는 세 가지 의미를 가질 수 있다고 말합니다. 하나는 전통적인 이해로, '떡을 물 위에 던지는 것'을 "일곱에게나 여덟에게 나눠" 주라는 말씀(11:2, 개역개정)과 연결하여 '관대하게 구제하라'는 의미로 보는 것입니다. 초기 유대교 학자들의 탈굼에서도 본문을 이와 같이 해석

했다는 기록이 있는 것으로 보아 이것은 아주 오래된 해석입니다.

또 다른 해석은 '떡을 물 위에 던지는 것'을 무역선에 곡물을 싣는 일로 보고, 그 배에서 '무슨 일이 일어날지 알 수 없으므로' 배 하나에 전부 싣지 말고 여러 배에 나누어 실어서 위험 부담을 줄이라는 의미로 보는 것입니다.

마지막은 투자로 해석하는 것입니다. 두 번째 해석이 실제적으로 무역선에 곡물을 나누어 실어 보내는 것을 의미한다면, 세 번째 해석은 어떤 사업이 잘 될지 알 수 없으니 어느 하나에 올인하지 말고 분산 투자하라는 것입니다. 계란을 한 바구니에 담지 말고, 나누어 담아 위험을 최소화하라는 말과 동일합니다.

오늘날 자본주의 사회에서는 투자와 나눔이 분리되지만, 고대 유대인 사회를 생각해 보면 투자는 곧 나눔일 수 있습니다. 타지에 살면서 사업을 하며 살아야 하는 유대인의 가족 공동체는 돈이 있는 사람이 없는 사람에게 자신의 재산을 나누어 주어 사업을 확장했을 것입니다. 이는 오늘날 유망한 청년 창업가에게 투자하는 엔젤 투자자들이 하는 일과 유사하다고 할 수 있습니다. 유능하지만 가난한 사람을 위해 재산이 많은 사람이 자신의 재산을 투자해 사업을 시작하게 하는 것입니다.

이와 비슷한 사례가 달란트 비유에 나옵니다(마 25:14-30). 자신의 재산을 맡기고 여행을 간 주인은 돌아와서 종들에게 얼마를 남겼는지 확인합니다. 종들은 주인이 맡긴 재산으로 사업을 벌여 이익을 남깁니다. 악한 청지기 비유에서도 비슷한 사례를 볼 수 있습니다

(눅 16:1-13). 악한 청지기는 자신의 불의가 탄로 나자 빚진 자들을 불러 그 빚을 탕감해 주는 '선행'을 베풉니다. 그 불의한 청지기는 주인집에서 쫓겨나면 자신이 빚을 탕감해 준 이들이 자기를 돌보아 줄 것이라 기대합니다. 그는 남의 빵을 물 위에 던진 것입니다. 그가 던진 빵이 여러 날 뒤에 그에게로 돌아올 것을 기대하면서 그렇게 한 것입니다. 예수께서는 그를 지혜롭다고 말씀하십니다.

본문을 어떻게 해석하든, '빵을 물 위에 던지는 행위'는 결국 '보상을 기대하지 않고, 사람들이 잘되도록 섬기는 일'을 뜻한다고 볼 수 있습니다. 돈을 가졌다면 그 돈을 여럿에게 풍성하고 관대하게, 일곱이나 여덟에게, 즉 할 수 있는 한 많은 사람에게 나누어 주기도 하고, 스스로 설 수 있도록 그들의 사업에 투자하기도 합니다. 그들이 삶을 잘 살아갈 수 있도록 돕고, 그들의 사업이 잘되도록 후원하는 것입니다.

필리퍼 틴데일(Philippa Tyndale)이 데이비드 부소(David Bussau)에 대해 쓴 「네가 선택한 길에서 뒤돌아보지 마라」(포이에마 역간)를 보면, 데이비드 부소는 자신이 성실하게 벌어들인 돈으로 제3세계의 가난한 이들이 자신의 사업을 할 수 있도록 소액 대출 은행을 설립하고, 그들의 자립을 도왔습니다. 일자리를 300만 개나 창출했다고 하니 정말 대단하지 않습니까? 돈만 주고 마는 구제는 사람을 의존적으로 만들어 자립을 방해한다는 보고가 많은 것을 보면, 가난한 이들이 스스로 설 수 있는 사업을 만들기도 하고, 투자도 할 수 있으면 얼마나 좋을까요?

그래서 나는, 행복하게 살기로 했다

우리 교회에도 자신의 재능으로 사회적 기업을 세우고, 청년들을 고용하며, 장애인을 위한 일자리를 만들어 가는 청년 사업가들이 있습니다. 또 우리 교회의 한 자매는 사람들에게 일자리를 마련해 주기 위해 영어 학원을 열어 일자리가 필요한 사람들을 고용합니다. 제가 아는 어느 목사님은 사모님과 함께 식당을 열고, 일자리가 없는 성도를 고용해 일을 가르쳐서 경영할 수 있도록 자립을 돕고 계십니다.

인생이 어떻게 될지는 알 수 없습니다. 그러므로 우리는 가진 것이 있을 때 나누어야 합니다. 우리가 가진 돈과 재능으로 할 수 있는 일이 있을 때, 그 일을 해야 합니다. 무슨 재앙이 우리에게 닥칠지 알지 못하기 때문입니다.

자신이 가진 부가 무엇인지 돌아보십시오. 건강, 재물, 재능, 기술, 시간, 교육, 경력, 인맥……, 이 모든 것이 당신이 가지고 있는 부입니다. 그리고 그 부를 나누십시오. 아낌없이 관대하게 나누어 주십시오. 보상을 기대하지 말고 당신의 빵을 물 위에 던지십시오. 빵을 물 위에 던질 때는 그 빵이 다시 돌아올 것을 기대하지 않습니다. 되돌아올 것을 기대하지 않고, 관대하게 베풀고, 그들의 성공을 위해 노력한다면, 그 자체만으로도 의미 있는 투자일 것입니다.

## 안전하기를 기다려 일을 시작하려 하지 말고 모험을 감행하라

인생은 필연적인 불행과 우발적인 불행으로 미래를 확실하게 예측할 수 없습니다. 그렇다고 안전해질 때까지 기다릴 수도 없습니다. 수수께끼 같고 확실한 것을 기대할 수 없는 모호한 인생이지만 결실을 하려면 위험한 모험을 감행해야만 합니다.

> 구름에 물이 가득 차면, 비가 되어서 땅 위로 쏟아지는 법. 나무가 남쪽으로나 북쪽으로 쓰러지면, 어느 쪽으로 쓰러지든지, 쓰러진 그곳에 그대로 있는 법. 바람이 그치기를 기다리다가는, 씨를 뿌리지 못한다. 구름이 걷히기를 기다리다가는, 거두어들이지 못한다(11:3, 4).

비를 머금은 먹구름은 반드시(필연적으로) 비를 쏟아 내리고 나무가 어디로 쓰러질지 알 수 없듯이, 불행은 반드시 일어나지만 예상치 못한 경로로 찾아옵니다. 그러기에 이 모든 필연적인 불행과 예상할 수 없는 불행이 다 걷히고 나서야, 어떤 일을 시작하겠다는 것은 어리석은 생각입니다. 우리는 바람과 날씨, 그리고 태중의 아이가 어떻게 자라는지, 바람이 어느 길로 가는지를 알지 못하기 때문입니다. 안전할 때까지, 확실한 것이 잡힐 때까지 기다려서 파종하려 한다면 결실을 얻지 못할 것이 확실합니다.

코로나19는 필연적으로 찾아왔고, 무작위로 사람들을 덮쳤습니다. '필연적'이라고 표현한 것은 환경을 오염시키고 무차별적으로 개발한 결과가 통제할 수 없는 전염병이라는 사실을 이미 많은 과학자가 경고했기 때문입니다. '무작위'라고 표현한 것은 언제, 누가, 어디에서 발병할지 알 수 없기 때문입니다.

어떤 이들은 생각합니다. 이 사태가 확실하게 끝나고 우리가 안전하다고 느낄 때, 이런저런 일들을 다시 시작할 수 있을 것이라고 말입니다. 그렇지만 아닙니다. 전도자가 계속 말하기를 "불행 끝, 행복 시작"이란 것은 없다고 합니다. 우리는 알 수 없습니다. 언제 먹구름이 비로 변할지, 나무가 쓰러져 어디를 덮칠지 우리는 모릅니다.

하여, 우리는 지금 할 수 있는 일들을 해야 합니다. 이런 바이러스가 해마다 올 수도 있습니다. 우리는 지금 우리가 할 수 있는, 지금 이때에 할 수 있는 최선을 다해야 합니다.

불확실성과 위험에도 전도자는 우리에게 결실을 향한 모험을 감행하라고 도전합니다. 부동산 가격이 떨어질지 오를지 알 수 없지만, 집이 필요하면 집을 사야 할 때가 있습니다. 이 직장이 전망이 있을지 저 대학이 전망이 좋을지 알 수 없지만, 선택해야만 할 때가 있습니다. 우리는 선택하고 실행해야 합니다. 바람이 어떻게 불지 알 수 없고 날씨가 어떻게 변할지 알 수 없지만, 우리는 우리가 할 수 있는 일을 해야만 합니다.

바람이 다니는 길을 네가 모르듯이 임신한 여인의 태에서 아이의 생명이 어떻게 시작되는지 네가 알 수 없듯이, 만물의 창조자 하나님이 하시는 일을 너는 알지 못한다(11:5).

그렇습니다. 우리는 하나님의 섭리를 이해할 수 없습니다. 우리가 하는 일이 결실을 맺을지 실패로 끝날지 알 수 없는 것은 사실입니다. 그러나 비바람이 불고 있고, 구름이 언제 걷힐지 모른다고 아무것도 시도하지 않으면 어떤 것도 결실할 수 없습니다. 하나님이 하시는 일을 알지 못하기 때문에 아무런 일도 시도하지 않는 것이 아니라, 바로 그 알 수 없음 때문에 우리는 무슨 일이든 시도해 볼 수 있습니다. 하나님이 어떤 결과를 주실지 알 수 없으니까요.

스티븐 코비는 「성공하는 사람들의 7가지 습관」(김영사 역간)에서 성공하는 사람들의 특징 중 하나로 주도적인 태도를 꼽았습니다. '주도적'이라는 것은 '대응적'인 것의 상대적 개념입니다. 환경이나 친구, 외부적인 것에 자신의 주도권을 넘기는 태도가 대응적이라면, 주도적인 것은 자기 내면에 있는 원칙에 따라 주체적으로 결정하고 행동하며, 결과에 대해서는 책임지는 태도를 의미합니다.

대응적인 사람은 인생을 방어적으로 살아갑니다. 날씨가 좋아서 공부하기 싫고, 혹은 날씨가 나빠서 공부하기가 싫습니다. 이들은 기분이 좋아서 혹은 기분이 나빠서, 상대방이 내게 잘 대해 주어서 혹은 그렇지 못해서 이런저런 결정을 내립니다. "네가 나를 화나게 했잖아!", "이런 기분으로 무얼 할 수 있겠어!"와 같은 말이 대응적인 사람들이 주로 쓰는 말입니다. 대응적인 사람들은 결국 외부적인 요인에 주도권을 빼앗겨서 선택할 수 있는 자유가 제한됩니다. 자신이 원하는 목표에 도달하는 것이 불가능해지고, 지배당하는 삶을 살아갑니다.

반면 주도적인 사람은 스스로 목표를 설정하고 인생에 대한 책임을 오롯이 감당합니다. 이들은 외부 환경이나 사람들의 평가에 구애받지 않고 내면의 원칙에 따라 책임 있는 선택을 하고 그에 따라 행동합니다. 사실 우리가 변화시키고 통제할 수 있는 것은 많지 않습니다. 우리 영향력 아래 있는 것들은 우리 내면의 태도뿐일 때가 많습니다. 우리는 어떤 결과를 맞이할지 알 수 없습니다. 놀라운 것은 일과 사람, 그리고 환경에 대해 주도적인 태도로 응답할 때, 상황이 바뀌고 우리를 돕는 사람들이 생기고 원하는 일들이 결실하게 되더라는 것입니다.

풍성한 열매를 맺기 원한다면, 바람이 불든 비가 오든 나가서 씨를 뿌려야 합니다. 윌리엄 캐리(William Carrey)는 말했습니다. "하나님을 위해 위대한 일을 기대하고, 하나님을 위해 위대한 일을 시도하십시오." 그는 그렇게 했고, 인도를 위해 위대한 일들을 해냈습니다. 우리는 결말을 알 수 없습니다. 그것은 하나님이 하시는 일이니까요. 우리는 지금, 우리가 할 수 있는 일에 최선을 다할 뿐입니다.


## 하나에 전부를 걸지 말고 다양한 기회를 창출하라

농사는 밤에 할 수 있는 일이 많지 않습니다. 전도자는 낮에는 농사를 짓고, 밤에 또 할 수 있는 일이 있다면 부지런히 일하라고 합니다. "아침에 씨를 뿌리고, 저녁에도 부지런히 일하여라. 어떤 것이 잘될지, 이것이 잘될지 저것이 잘될지, 아니면 둘 다 잘될지를, 알 수 없기 때문이다"(11:6).

인생을 어느 한 가지에 다 걸어 버리는 사람들이 있습니다. 가고 싶은 대학, 사랑하는 연인, 이루어야 할 꿈, 올라가야 할 사회적 지위, 성공해야 하는 사업 등, 우리의 맹목적인 충성을 요구하는 것이 왜 이리도 많은지요? 그러나 살아 보면 압니다. 대학을 졸업한 후 전공을 따라 일하는 사람은 극히 소수라는 것을, 내가 기도한 대학에 들어가지 못했어도 이렇게 잘 살고, 그 사람 아니면 죽을 것 같았는데 다른 사람을 만나서 행복하게 살아갑니다. 그 사랑이 끝났다고 우리 인생도 끝나는 것은 아닙니다. 또 다른 사랑이 있습니다. 꿈도 마찬가지입니다. 어떤 이들은 가수가 안 되면 죽을 것 같지만 인생을 살아가는 다른 길도 많습니다.

그러니, 가고 싶은 대학에 목 매달지 말고, 사랑하는 연인과의 사랑이 이루어지지 않았다고 죽을 생각일랑 하지 말고, 어릴 적 꿈이 좌절되었다고 스스로를 실패자처럼 여기지도 말 일입니다. 할 수 있다면, 이런 일 저런 일 다 해 보십시오. 할 수 있다면, 그 사람이 아니지만 만나 보십시오. 또 할 수 있다면 다른 직업을 꿈꾸며 도전해 보십시오.

기업도 마찬가지입니다. 엉뚱한 일, 실패한 일이 주력이 되는 경우도 많습니다. 대표적인 것이 3M의 포스트잇입니다. 우

　　　　　　　　　그래서 나는, 행복하게 살기로 했다

리는 3M이 문구류를 만드는 회사라고 생각하는데, 사실 "3M"은 "Minnesota mining and manufacturing co."로, 미네소타 채굴과 가공 회사입니다. 3M 연구원인 스펜서 실버가 강력한 접착제를 개발하다가 이도 저도 아닌 접착제를 발명하게 되었습니다. 4년 동안 아무런 반응을 얻지 못하다가, 아서 프라이가 찬송가를 찾기 쉽게 끼울 도구를 찾던 중에 포스트잇을 활용하면서 상품화된 것입니다. 3M은 아이디어를 구상하는 데 근무 시간의 15퍼센트를 자유롭게 사용하는 규칙을 가지고 있습니다. 구글에서는 이것을 벤치마킹해서 '20퍼센트 규칙'을 시행하고 있습니다.

어느 하나에 목숨 걸지 말고, 다양한 기회를 만나 보시기 바랍니다. "이것이 전부다!" 그런 건 없습니다. "이 사람 아니면 안 돼!" 그런 것도 없습니다. "그 일을 하지 않으면 내 인생은 무의미해요." 아닙니다. 시간이 지나면 다 변합니다. 우리의 꿈도, 이상도, 이상형도 달라지고, 오히려 내가 미처 발견하지 못한 엄청난 잠재력을 발견하기도 합니다. 우리는 미래의 일을 알 수 없습니다. 바로 그렇기 때문에 우리는 여러 가능성을 시험해 볼 수 있다는 것이 전도자가 말하는 지혜입니다.

## 하고 싶은 일을 하며 즐겁게 살라

전도자는 살아 있음을 긍정합니다. 사는 것은 즐거운 일이며, 기쁜 일입니다. 하여, 살아 있는 모든 날을 즐겁게 살 수 있어야 한다고까지 말합니다. 그러나 영원히 살 것처럼 하루하루를 사는 것이 아니라 죽음과 고통의 날도 함께 있을 것임을 기억하고 매일을 즐겁게 살라고 권면합니다.

> 빛을 보고 산다는 것은 즐거운 일이다. 해를 보고 산다는 것은 기쁜 일이다. 오래 사는 사람은 그 모든 날을 즐겁게 살 수 있어야 한다. 그러나 어두운 날들이 많을 것이라는 것도 기억해야 한다. 다가올 모든 것은 다 헛되다(11:7, 8).

힘들지 않은 인생은 없습니다. 고난과 고통이 수반되지 않는 행복도 없습니다. 삶에는 '어두운 날', 즉 고통과 고난의 시간이 많습니다. 그러므로 우리는 빛을 볼 수 있는 날, 해가 떠 있는 날을 더 충만히 누려야 합니다. "다가올 모든 것은 다 헛되[기]" 때문입니다. '헛되다'라는 것은 순간이요, 찰나처럼 지나가 버린다는 뜻입니다.

기쁘고 즐거운 경험은 순간순간 누릴 수 있습니다. 그것은 영원히 지속되지 않습니다. 빛이 온 세상을 아름답게 비추고, 꽃이 아름답게 피어나는 것은 순간입니다. 파란 하늘에 떠다니는 양떼구름도, 빨갛게 지는 석양의 아름다움도 한순간 사라지고 맙니다. 이 모든 순간이 안개처럼 사라져 버린다는 것을 기억할 때, 우리는 그 찰나의 순간을 음미하고, 또 음미할 수 있습니다.

막내가 두세 살쯤 때 일입니다. 막내여서 그런지 무척 사랑스러웠습니다. 하루는 제 곁에서 쌔근쌔근 자고 있는 아이 모습이 너무 아름답고 사랑스러워서 이렇게 기도했답니다. "하나님, 이 녀석은 안 크면 좋겠어요. 지금 이대로 좀 오래 머물게 해주시면 안 될까요?" 하나님이 제 기도를 들어주셨는지, 키가 안 크네요. 지금은 벌써 변성기도 지나고 여드름도 났습니다. 아직 앳되기는 하지만, 남자가 되어 가고 있지요. 아이들 크는 것이 얼마나 서운한지요.

다가오는 모든 것이 헛되기에 지금 이 순간이 아름답습니다. 영원히 지속되는 아름다움은 없다는 것을 반드시 기억해야 합니다. 지금 누리는 기쁨이 영원할 것처럼 믿어 버린다면, 우리는 감사도 감탄도 잃어버릴 것이 분명합니다. 지나가고 사라지기 때문에 지금의 행복을 만끽하시라는 이야기입니다.

살아 있는 모든 날을 즐겁게 살아가십시오. 다가오는 모든 날은 다 '순간'이기 때문입니다. 그러나 어두운 날이 많을 것도 기억해야 합니다. 탤런트 최민수 씨가 〈집사부일체〉라는 프로그램에서 들려준 이야기가 있습니다. 최민수 씨는 중학교 2학년 때 심장병을 앓았다고 합니다. 전신마취 수술을 열네 번이나 해야 할 정도였고, 뛸수도 없고 아무것도 하면 안 된다는 말을 듣고 자랐습니다. 조금만 무리하면 길에서 종종 기절하기도 했습니다. 언제 심장이 멈출지 모르니 얼마나 불안했을까요?

그런 그가 어느 날 우연히 자신이 아픈 것이 축복이라는 것을 깨달았다고 합니다. 죽음은 모든 사람에게 다가오는 것이니, 자신이 통제할 수 없는 것을 받아들이기로 한 것입니다. 그는 자신에게 죽음이 두렵다는 고민을 털어놓는 개그맨 양세형 씨에게 이렇게 말해 주었습니다. 인간은 죽을 수밖에 없는 존재임을 순수하게 받아들이라고, 그렇게 받아들이고 나면 모든 순간이 소중하게 다가온다고 말입니다.

> "난 어느 순간 몸이 아픈 걸 축복이라고 생각했어. 세상이 보지 않는 것들에 눈과 귀를 여니까, 이 땅에서 주는 모든 열매와 하늘에서 내리는 모든 것이 나에게는 매일 새롭고, 언제 갈지 모르지만 이 하루하루가 늙어 버린 아침을 맞이하는 것이 아니라 새로움으로 다가왔어. 그 하루하루가 너무나 소중하더라고."

전도자는 청년들을 향해 말합니다.

> 젊은이여, 젊을 때에, 젊은 날을 즐겨라. 네 마음과 눈이 원하는 길을 따라라(11:9a).

"젊은이들은 젊은 날을 즐겨라." 미래가 아니라 지금, 하고 싶은 것들을 하면서 살라는 것입니다. 젊은 날도 순간입니다. 금방 지나가 버립니다. 그러니 미래를 위해 지나치게 현재를 희생하지 말고, 지금 하고 싶은 일이 있으면 시도해 보라는 것입니다.

그러나 이 권면은 방종을 위한 위임장이 아닙니다. 쾌락을 위해 젊음을 탕진하라는 뜻이 아닙니다. 반드시 기억해야 할 것이 있습니다. 하나님의 심판이 있다는 것을 기억하고, 하나님 안에서 자유롭게 즐거워하며 살라는 것입니다. 이는 바울이 "주님 안에서 항상 기뻐하십시오. 다시 말합니다. 기뻐하십시오"(빌 4:4)라고 명령한 것과 같은 말씀입니다.

하나님은 우리가 기뻐할 때 함께 기뻐하십니다. 하나님은 우리가 웃을 때 웃으십니다. 하나님은 우리가 행복할 때, 행복해하시는 분입니다. 하나님은 우리의 기쁨과 즐거움의 훼방꾼이 아니십니다. 아우구스티누스도 같은 말을 했습니다. "하나님을 사랑하라. 그리고 당신이 원하는 모든 것을 하라." 그래서 청년의 때를 위해 전도자는 이렇게 충고합니다.

> 네 마음의 걱정과 육체의 고통을 없애라. 혈기왕성한 청춘은 덧없이 지나가기 때문이다(11:10).

청춘은 덧없이 지나갑니다. 그러므로 스스로를 고통스럽게 하는 것들을 몸과 마음에서 제거해 버리시기 바랍니다. 미래에 대한 염려와 걱정, 과거에 받은 상처, 복수심과 분노, 비교 의식과 열등감 등, 이런 것들을 곱씹지 말고, 그것에 주목하지 말고, 하나님이 젊은 우리에게 주신 것들을 발견하고, 즐거운 상상을 실현하며 기쁘게 살아가십시오.

우리 몸의 건강을 해치는 습관들도 벗어 버리십시오! 게임하느라 밤을 새거나, 폭풍 야식을 즐기는 따위의 행위는 우리의 건강을 해칩니다. 건강한 육체를 위해 좋은 습관을 들이는 것은 좋은 일입니다. 체력이 좋지 못하면 행복을 느끼기 힘들기 때문입니다.

마음과 몸의 좋은 습관을 만드십시오. 인생을 기쁘고 즐겁게 사는 것은 마음을 어떻게 길들이느냐에 달려 있습니다. 습관적으로 비관적이 되고 염려하며 걱정과 불안에 휩싸인다면, 마음의 습관을 바꿔 볼 일입니다. 말씀을 묵상하고, 인생의 긍정적인 면을 더 자주 보려고 노력해 봅시다. 상상력을 발휘해 즐거운 일들을 꿈꾸고 만들어 실행해 보는 겁니다.

젊은 시절에만 할 수 있는 일이 있습니다. 인생 친구 만들기, 적지 않은 시간이 드는 의미 있고 가치 있는 일에 참여하기, 예를 들면, 단기 선교나 해외 봉사 같은 일 말입니다. 수련회 참여하기, 평생 연주할 수 있는 악기 배우기, 수영이나 프리 다이빙 배우기, 다독하기, 멋진 사랑도 해 보고, 가요제에도 참여해 보는 겁니다. 산티아고 순례길 걷기, 예수께서 살아가신 성지를 순례해 보는 것도 좋겠습니다. 이런! 제가 하고 싶은 일들이었네요. 네! 여러분이 하고 싶은 일들을 하십시오. 젊음의 때가 지나가기 전에 해 보는 겁니다. 상상만 해도 즐거워지지 않나요?

안개 낀 것처럼 모호한 것이 우리의 미래입니다. 그러므로 우리에게 힘이 있을 때, 우리가 할 수 있는 일을 해야 합니다. 우리는 우리가 가진 '부'를 관대하게 다른 사람들을 위해 투자할 수 있습니다. 당신의 '부'를 가지고 사람들을 키우고, 그가 성공할 수 있도록 도우십시오. 그것은 다시 돌아와 당신의 삶을 풍요롭게 할 것입니다. 그리고 무언가 확실해지기를 기다리지 말고, 모험을 감행하십시오. 바람이 그치기만 기다리거나, 확실한 것이 올 때까지 기다리다가는 모든 기회를 놓쳐 버릴 수 있습니다. 확실한 것은 없습니다. 우리는 무엇을 하든 모험을 감행해야 합니다.

마지막으로 하나에 전부를 걸지 말고, 다양한 기회를 창출하십시오. 미래에는 무엇이 잘 될지 알 수 없습니다. 하고 싶은 일이 있습니까? 더 늦기 전에 해 보십시오. 기억해야 할 것은 오직 하나입니다. 세상의 모든 일은 불확실하지만, 하나님 한 분만이 우리의 확실한 미래가 되실 수 있다는 사실입니다.

## 12장

# 허무한 인생

### 메멘토 모리, 카르페 디엠!

전도서 11장 7절-12장

우리는 행복하고 즐거운 날이든, 어두운 날이든 그 모든 날을 즐겁게 사는 법을 배워야 합니다. 어두운 날이 지나고, 고통스러운 시간이 끝나야 행복해질 수 있는 것이 아닙니다. 우리는 어두운 날 가운데에서도 즐겁게 살아갈 수 있습니다.

기억에 관한 영화로 1990년에 아놀드 슈워제네거가 주연한 〈토탈 리콜〉이 있습니다. 영화의 배경은 2084년, 과학이 발달해서 기억을 이식해 주는 산업이 발달합니다. 주인공인 하우저(아놀드 슈워제네거 분)는 퀘이드(아놀드 슈워제네거 분)라는 사람의 기억을 이식받습니다. 하우저는 원래 화성을 지배하는 독재자 코하겐(로니 콕스 분)의 오른팔이었으나 저항군을 소탕하기 위해 퀘이드의 기억을 이식받아 지구에서 살다가 화성으로 돌아가 코하겐의 불의한 독재에 저항하는 저항군이 됩니다. 화성에서 저항군으로 살던 그가 사실은 저항군을 소탕하기 위해 퀘이드의 기억을 이식받은 하우저였음을 알게 되면서 정체성의 혼란을 겪습니다. "내가 나 자신이 아니라면, 나는 대체 누구란 말이냐?" 그는 독재자 오른팔이었던 본래의 자신인 하우저의 기억을 되찾지 않고, 저항군 퀘이드의 기억으로 살아가기를 선택합니다.

미로슬라브 볼프(Miroslav Volf)는 「기억의 종말」(IVP 역간)에서 "기억은 정체성의 중심이다"라고 말했습니다. 무엇을 기억하느냐가 우리의 정체성을 형성합니다. 어떤 이들은 과거의 영광만 기억합니다. 그리하여 현재의 비참을 과장하기도 하죠. 실패한 것들만 기억하고 자신을 '루저'라고 믿는 사람도 있습니다. 자신이 받은 상처를 곱씹는 사람도 있습니다. 복수심과 수치심이 그 사람의 핵심 감정이 되어 인생을 기쁘게 살지 못합니다. 반면에 사람들이 기억하는 것들 가운데는 '긍정의 힘' 같은 것들도 있습니다. "다 잘될 겁니다", "당신 안에 있는 잠재력을 믿으세요"와 같은 신념들이죠. 물론 이러한 것들은 인생을 행복하게 사는 데 어느 정도 도움이 됩니다. 그러나 이러한 기억들은 우리로 하여금 과거나 미래에 붙잡혀 현재를 누릴 수 없게도 합니다.

전도자는 본문에서 '기억하라'는 명령을 반복합니다. "어두운 날들이 많을 것이라는 것도 기억해야 한다"(11:8), "심판이 있다는 것만은 알아라"(11:9), "젊을 때에 너는 너의 창조주를 기억하여라"(12:1). 전도자는 우리가 반드시 기억해야 할 것들에 대해 이야기합니다. 우리가 기억해야 할 것은 과거의 영광이나 실패도, 사람들에게 받은 상처도 아닙니다. 온 우주의 기운이 나를 위해 움직이고 있다는 '긍정의 힘'도 아닙니다. 전도자가 우리의 인생에 어두운 날이 많고, 생명의 빛은 사그라져 가며, 죽음과 심판의 날이 있음을 기억하라고 말하는 것은 바로, '지금 여기'의 삶을 충만하게 살아야 하기 때문입니다. "메멘토 모리! 카르페 디엠!"

이 장에서 다룰 전도서 11장 후반부 말씀은 앞에서도 다루었지만, 다른 맥락에서도 이 본문을 해석해 보아야 합니다. 이 부분은 앞의 내용과 연결하여 이해할 수도 있고, 대단원의 막을 내리는 결론부의 서론격이기도 합니다. 이번 장에서는 전도자가 내리는 결론으로 본문을 한번 읽어 보겠습니다.

그래서 나는, 행복하게 살기로 했다

## 기쁘게 살라, 그러나 기억하라. 어두운 날들도 있다는 것을

전도자는 빛을 보고 산다는 것이 달콤한 일이고, 해를 보고 산다는 것이 즐거운 일이라고 말합니다. 그러나 인생을 살다 보면 어두운 날도 만나게 됩니다. 전도자는 이 사실을 꼭 기억하라고 말합니다.

> 빛을 보고 산다는 것은 즐거운 일이다. 해를 보고 산다는 것은 기쁜 일이다(11:7).

빛과 해를 보고 산다는 말은 8절의 어두운 날과 대비됩니다.

> 오래 사는 사람은 그 모든 날을 즐겁게 살 수 있어야 한다. 그러나 어두운 날들이 많을 것이라는 것도 기억해야 한다. 다가올 모든 것은 다 헛되다(11:8).

어두운 날이 불행하고 부조리한 날들, 그리고 고통스럽고 불운한 날들을 의미한다면, 빛과 해는 행복하고 충만한 날들을 의미한다고 볼 수 있습니다.

그렇습니다. 빛을 보고 사는 것은 즐거운 일이며, 해를 보고 사는 것은 기쁜 일입니다. 전도자는 이 모든 날을 즐겁고 기쁘게 살아야 한다고 말합니다. 문제는 우리가 살아가는 날들이 항상 해가 뜨고 빛이 비치는 날은 아니라는 것입니다. 진부하고, 부조리하며, 어두운 날도 많이 있을 것입니다.

우리는 행복한 날과 즐거운 날을 당연시하고, 불행하고 고통스러운 날이 다가오면 부당하게 느낍니다. 그 어두운 날들은 나와는 상관없는 것이어야 한다고 생각합니다. 마치 사라진 박 넝쿨 때문에 죽을 만큼 화를 낸 요나처럼 말입니다. 니느웨의 멸망을 기대하며 산 위에 올라가 일이 어떻게 되는지 지켜보고 있던 요나의 머리 위에 박 넝쿨이 그늘을 만들어 주었습니다. 그는 아주 편안하고 기분도 좋았습니다. 그러나 하나님이 벌레 한 마리를 마련하셔서 박 넝쿨을 쏠아 버리니 박 넝쿨이 시들고 맙니다. 해가 뜨고 뜨거운 바람이 불자 그는 기력을 잃고 죽기를 자청합니다(욘 4:6, 7).

> "이렇게 사느니 차라리 죽는 것이 더 낫겠습니다." 하나님이 요나에게 말씀하셨다. "박 넝쿨이 죽었다고 네가 이렇게 화를 내는 것이 옳으냐?" 요나가 대답하였다. "옳다뿐이겠습니까? 저는 화가 나서 죽겠습니다"(욘 4:8b, 9).

전도자는 말합니다. "행복하고 충만한 날들을 즐거워하라, 박 넝쿨이 있는 동안에는. 그러나 어두운 날도 많으리라는 것을 기억하라, 박 넝쿨이 시들면. 마치 어두운 날이 오는 것을 비정상적인 것으로 또 부당한 것으로 여기지 말고 모든 날을 즐겁게 살라." 우리는 행복하고 즐거운 날이든, 어두운 날이든 그 모든 날을 즐겁게 사는 법을 배워야 합니다. 어두운 날이 지나고, 고통스러운 시간이 끝나야 행복해질 수 있는 것이 아닙니다. 우리는 어두운 날 가운데에서도 즐겁게 살아갈 수 있습니다.

헨리 나우웬은 자신의 책 「예수의 길」에서 기쁨은 진부해질 수 없다고 말합니다. 기뻐하는 삶이란 진부하고 정체된 상태에서 벗어난다는 뜻입니다. 기쁨의 삶이란 '고정되고 경직된 상태에서 새로운 자리로 계속해서 나아가는 것'이며, '정체된 곳에서 벗어나 생명을 향해 뛰어오르는 것', '새로운 경험에 관한 것'입니다. 전도서의 표현을 빌리자면, 해 아래의 진부한 세상에서 결코 진부할 수 없는 하늘의 축제를 벌이는 삶을 살아가는 것입니다. 그러므로 이 세상, 즉 해 아래의 진부하고 지루한 세상, 의미 없는 세상 속에서도 우리는 하나님을 경외함으로 천국에서 누리는 기쁨의 축제를 벌이며 살아갈 수 있습니다.


**기쁘게 살라, 그러나 기억하라. 하나님의 심판이 있다는 것을**


그러므로 청년들은 인생을 빛 가운데서 달콤하게, 태양 아래에서 즐겁게 살아야 합니다. 청년의 때는 빛이 가득하고, 해를 볼 수 있는 시기이기 때문입니다. 전도자는 말합니다. "젊은이여, 젊을 때에, 젊은 날을 즐겨라. 네 마음과 눈이 원하는 길을 따라라"(11:9a). 언뜻 보면 전도자가 젊은이들에게 "너의 욕망에 충실하라"고 권하는 듯 보입니다. "그런데 말입니다," 조건이 있습니다. "다만, 네가 하는 이 모든 일에 하나님의 심판이 있다는 것만은 알아라"(11:9b).

'너의 욕망을 따라 살라'와 '하나님의 심판이 있음을 알라'가 어떻게 조화를 이룰 수 있습니까? 하라는 말입니까, 하지 말라는 말입니까? 언뜻 모순처럼 보이는 이 둘은 서로 대립되는 것이 아닙니다.

전도자는 "하나님의 심판이 있으니 너의 젊은 시절을 금욕하며 살아라. 너의 욕망을 억압하며 살라"고 하지 않았습니다. 반면, 하나님이 없는 것처럼 너의 '모든' 욕망을 채우며 살라고도 말하지 않습니다. "하나님 안에서 그분이 주신 것들을 충만하게 누리며 살라!" 즉, 하나님 나라에서 하나님이 주신 것들을 욕망하며, 기쁘게 살라는 것입니다.

자끄 엘륄은 「존재의 이유」에서 이렇게 말합니다.

> "심판에 대한 두려움 속에서 살아가지 말고, 굴종하지도 말아야 한다. 반대로 가능한 모든 일을 하면서 즐거워하고 기쁨을 찾아야 한다. 너는 젊고 경이로운 존재다. 네 마음과 눈이 원하는 길을 따라가라. 편협한 도덕이나 금욕주의로 억제하지 말고 살아라. 네 마음이 원하는 것들을 물리치지 말고, 차라리 그것들을 극복하고 승화시켜라. 너에게 주어진 세상을 바라보라. 그 안에서, 그 위에서 살아라."

전도자는 이렇게 말하는 것입니다. "너의 '마음과 눈이 원하는 길'을 하나님의 정의의 심판에 일치시키라. 너의 욕망을 하나님의

그래서 나는, 행복하게 살기로 했다

뜻에 일치시키라. 하나님이 사랑하시는 것을 사랑하고, 하나님이 즐거워하시는 것을 즐거워하며, 하나님이 춤추실 때 함께 춤추고, 하나님이 먹고 마시는 곳에서 먹고 마시라. 하나님이 노시며 즐거워하는 사람들과 함께 놀라. 하나님이 '이야! 좋다'라고 하시는 것에 함께 경탄하고, 하나님이 사랑하시는 것을 사랑하고, 하나님이 욕망하시는 것을 욕망하라."

하나님이 주시지 않은 것들을 욕망하기 때문에 마음의 걱정, 근심, 분노가 생겨납니다. 하나님이 주신 것들을 하나님의 선물로 여기지 않기 때문에 권태, 짜증, 불안을 겪습니다. 하나님의 뜻이 아닌 것들을 욕망할 때, 우리는 병이 들고 고통을 받습니다. 하나님의 뜻 안에 있는 것들을 욕망하지 않을 때, 인생은 무미건조한 것이 됩니다.

악이란, 지루하게 사는 것입니다. 그 지루함과 권태를 덮기 위해 약물을 하고, 포르노에 탐닉하고, 불륜을 저지르고, 폭력에 중독되고, 악플을 달고, 사람들을 괴롭히고, 악착같이 자기를 위해 모으기만 하는 등의 짓거리를 하는 것입니다.

모든 것이 넉넉한데도 당신들이 기쁘고 즐거운 마음으로 주 당신들의 하나님을 섬기지 않기 때문에, 당신들은 굶주리고 목마르고 헐벗고 모든 것이 부족하게 될 것이며, 그뿐만 아니라 주님께서 보내신 원수들을 당신들이 섬기게 될 것입니다(신 28:47, 48).

'지루하게 사는 악'을 제거할 수 있는 유일한 처방은 우리의 욕망을 하나님의 뜻에 맞추는 것입니다. 그러면 우리는 어떻게 하나님이 원하시는 것을 욕망할 수 있을까요? 놀랍게도 그것은 실천입니다. 하나님의 계명을 따라 사는 것입니다. "하나님을 두려워하여라. 그분이 주신 계명을 지켜라. 이것이 바로 사람이 해야 할 의무다" (12:13). 사실, 이 의무는 우리를 행복하게 하시려는 하나님의 배려입니다. 주님을 두려워하는 사람은 그분의 계명을 지킵니다. 그것은 바로 사랑으로 사는 것입니다. 행복의 극치는 죽음같이 강한 사랑에서 나옵니다.

고양이를 사랑해서 스스로 집사가 된 사람들은 고양이를 사랑하는 일이 얼마나 행복한지 깨달은 이들입니다. 사랑하는 자녀를 위해 요리를 만들고, 먹고 싶은 것을 양보하는 아버지는 행복합니다. 우리를 사랑하셔서 자기 몸을 버려 우리를 위해 내어 주신 그분은 행복으로 충만한 분이었습니다. 사랑은 생명입니다. 사랑은 진부하고 권태로운 세상에서 가장 새롭고 낯선 것입니다. 사랑의 실천은 기쁨이라는 새것을 해 아래 낡은 세상으로 들여와 새로운 질서를 창조합니다. 그것은 바로 함께 먹고 마시고 노는 천국의 축제입니다.


**기쁘게 살라, 그리고 너의 창조주를 기억하라. 젊을 때에**


전도자는 말합니다.


그래서 나는, 행복하게 살기로 했다

젊을 때에 너는 너의 창조주를 기억하여라. 고생스러운 날들이
오고, 사는 것이 즐겁지 않다고 할 나이가 되기 전에, 해와 빛과
달과 별들이 어두워지기 전에, 먹구름이 곧 비를 몰고 오기 전
에, 그렇게 하여라(12:1, 2).

본문은 두 가지 의미로 읽을 수 있습니다. 첫째는 하나님의 심판
이 임하기 전에 창조주 하나님을 기억하고 그분의 계명을 지키라는
의미로 읽는 것입니다.

2절에서 "해와 빛과 달과 별들이 어두워지[는]" 것은 구약 성경에
서 '주의 날', 즉 하나님의 심판이 임하는 것에 대한 표현입니다. "먹
구름이 곧 비를 몰고 오기 전"이라는 것도 하나님의 심판을 뜻합니
다. 이러한 표현은 당대 이스라엘에 대한 심판을 묘사할 때 사용되
었습니다. 이스라엘이 하나님에게 불순종하고 우상 숭배에 빠져 하
나님의 정의와 공의를 깨뜨렸을 때 예언자들은 '주의 날'이 임할 것
이라고 선포했습니다. '주의 날'은 주변 강대국들이 일으킨 전쟁의
참화를 겪는 것으로 도래하기도 했습니다.

이렇게 해석하면 본문의 의미는 하나님의 심판 날이 임하기 전
아직 기회가 있을 때, 창조주 하나님을 기억하고 회개하여 하나님
의 계명을 지키라는 뜻이 됩니다. 뒤이어 나오는 표현들도 하나님
의 심판으로 전쟁을 겪을 이스라엘이 경험할 두려움과 기아와 죽음
의 공포를 의미하는 것으로 해석될 수 있습니다.

두 번째는 새번역 성경처럼 본문을 노화에 대한 문학적인 표현

으로 읽는 것입니다.

젊을 때에 너는 너의 창조주를 기억하여라. 고생스러운 날들이
오고, 사는 것이 즐겁지 않다고 할 나이가 되기 전에, 해와 빛과
달과 별들이 어두워지기 전에, 먹구름이 곧 비를 몰고 오기 전
에, 그렇게 하여라. 그때가 되면, 너를 보호하는 팔이 떨리고, 정
정하던 두 다리가 약해지고, 이는 빠져서 씹지도 못하고, 눈은
침침해져서 보는 것마저 힘겹고, 귀는 먹어 바깥에서 나는 소리
도 못 듣고, 맷돌질 소리도 희미해지고, 새들이 지저귀는 노랫소
리도 하나도 들리지 않을 것이다. 높은 곳에는 무서워서 올라가
지도 못하고, 넘어질세라 걷는 것마저도 무서워질 것이다. 검은
머리가 파뿌리가 되고, 원기가 떨어져서 보약을 먹어도 효력이
없을 것이다(12:1-5).

"고생스러운 날들이 오고, 사는 것이 즐겁지 않다고 할 나이"를
곧 먹게 되기 때문입니다. "해와 빛과 달과 별들이 어두워지[고]" "먹
구름이 곧 비를 몰고" 온다는 묘사는 노화로 인한 고생스러운 삶을
표현합니다. 노화가 진행되면 감각 기관들이 점점 그 기능을 잃어
갑니다. 미각은 퇴화해 맛있는 요리를 먹어도 그 맛이 느껴지지 않
습니다. 아름다운 것을 보고 책을 읽을 수 있었던 눈은 침침해져서
인생의 아름다움을 잘 볼 수 없게 됩니다. 음악 소리, 새소리에 감
동하던 귀는 잘 들리지 않아 바로 옆에서도 큰 소리로 말해야 겨우

알아듣습니다. 친밀함과 쾌락을 주던 성적인 매력도, 기능도 다 떨어집니다.

안동에 있는 장애인 공동체인 "안동 우리집"에서 청년들과 함께 수련회를 할 때였습니다. 그때 정원을 함께 거닐면서 노년의 장영자 원장님이 나누어 주신 말씀을 잊을 수가 없습니다. 예쁜 꽃들도 자신을 사랑하는 사람 앞에서는 더 아름답게 핀다며 꽃들의 이름을 부르시고는 "아유! 예쁘다. 오늘은 더 예쁘게 피었구나" 하시던 중이었습니다. 그리고 혼잣말인지 아닌지 모를 작은 소리로 탄식하듯 하신 말씀이 기억납니다. "젊은 시절은 다 지나가고 이제는 늙어서 지나가던 개도 안 쳐다보네." 예쁜 꽃들 앞에서 그리 말씀하시는데, "원장님, 지금도 여전히 예쁘세요"라고 차마 말하지 못했습니다.

> 해와 빛과 달과 별들이 어둡기 전에, 비 뒤에 구름이 다시 일어나기 전에 그리하라(12:2, 개역개정).

본문을 심판이라는 주제로 읽든, 노화라는 주제로 읽든 전도자가 청년들에게 전하고자 하는 메시지는 분명합니다. "할 수 있을 때, 창조주 하나님을 기억하고 그분의 계명을 지키는 삶을 살라!"는 것입니다. 하나님의 심판이 진행되는 때가 되면 이미 늦습니다. 하나님이 모든 기회의 문을 닫으실 때에는 아무리 용을 써 봐도 할 수 있는 일이 없습니다. 개인적으로도 늙고 힘이 없어지면, 하고 싶어도 할 수 없는 일들이 생깁니다. "메멘토 모리, 카르페 디엠."

우리는 주님을 위한 헌신의 삶을 미래로 미뤄 두는 경향이 있습니다. 삶이 어느 정도 안정되면 하나님 나라를 위해 살겠다고 생각하는 경향입니다. 대학생일 때는 직장에 들어가면, 직장인이 되면 결혼을 하거나 집을 장만한 후에 하나님 나라를 위해 살겠다고 다짐합니다. 결혼하고 나서는 육아가 끝나면, 육아가 끝날 무렵에는 아이들 학업 뒷바라지를 마치면, 그 후에는 아이들 시집 장가 보내고 나면 하나님 나라를 위해 살겠다고 생각합니다. 그러나 그 후에는 부모님 병수발로, 또 그 후에는 우리 몸이 아프기 시작합니다. 그리고 나서 우리에게 찾아오는 것은 '고생스러운 날들'과 '사는 것이 즐겁지 않은 날들'이며, '빛들이 사라지고 먹구름이 가득한 날들'입니다.

하나님의 목적을 위해 세워진 지역 교회와 선교 단체에도 청년의 때가 있습니다. 초반에는 사람들이 모이고, 모임에 활력이 있습니다. 청년들이 모임을 가득 채우고 헌신할 때가 있습니다. 그러나 지역 교회도, 선교 단체도 반드시 노화를 겪고 소멸합니다. 예배당에는 늙은이만 가득 차고, 어린아이의 웃음소리, 다투는 소리는 영영 들리지 않으며, 모집만 하면 수십 명, 수백 명이 모여들어 장사진을 이루던 선교 단체들이 함께 일할 동역자 1명을 모으기조차 힘겨워집니다.

전도자는 우리가 죽을 수밖에 없는 존재, 한계를 지닌 존재임을 알고, 창조주 하나님을 경외하며 그분의 계명을 지키라고 권고합니다.

그래서 나는, 행복하게 살기로 했다

은사슬이 끊어지고, 금 그릇이 부서지고, 샘에서 물 뜨는 물동이
가 깨지고, 우물에서 도르래가 부숴지기 전에, 네 창조주를 기억
하여라(12:6).

은사슬은 금 그릇인 등잔대를 지탱하던 줄로, 둘 모두 생명의 빛
을 상징합니다. 물동이의 도르래가 부서져 물동이가 깨지는 것은
질그릇 같은 연약한 인생의 종말을 의미합니다.

육체가 원래 왔던 흙으로 돌아가고, 숨이 그것을 주신 하나님께
로 돌아가기 전에, 네 창조주를 기억하여라(12:7).

육체는 죽어서 흙으로 돌아가고, 우리의 영, 즉 우리의 존재는 하
나님에게로 돌아갑니다. 숨, 즉 영은 하나님에게서 온 것이기 때문
입니다. 하나님에게서 온 것은 하나님에게로 돌아갑니다. 우리는
죽음을 맞이하기 전에 창조주 하나님을 기억해야 합니다.

전도자의 결론은 이것입니다. 하나님의 심판과 피해 갈 수 없는
노화, 그리고 죽음을 기억하고, 하나님을 두려워하며, 그분이 주신
계명을 지키라! 전도자는 지혜로운 사람이며, 고대의 고대로부터
인생을 위한 잠언을 찾고 연구하고 정리한 사람입니다(12:9). 그는
인생에 힘을 주고 바르게 사는 길을 찾았으며, 그 길에 대해 기록을
남긴 사람입니다(12:10). 그의 말은 "찌르는 채찍"과 같고 그가 수집
한 잠언은 "잘 박힌 못"과 같습니다. 찌르는 채찍은 우리의 정신을

번쩍 들게 만들어 우리가 달려야 할 경주에 전념할 수 있게 합니다. 잘 박힌 못은 가구나 집을 튼튼하게 지탱합니다. 그가 결론을 내립니다.

> 하나님을 두려워하여라. 그분이 주신 계명을 지켜라. 이것이 바로 사람이 해야 할 의무다. 하나님은 모든 행위를 심판하신다. 선한 것이든 악한 것이든 모든 은밀한 일을 다 심판하신다(전 12:13, 14).

전도자는 우리가 반드시 기억해야 할 것이 무엇인지 알려 줍니다. 심판이 이르기 전에, 노화로 인해 할 수 있고 누릴 수 있는 것이 다 사라져 버리기 전에, 죽음이 이르기 전에 창조주 하나님을 기억하고 그분을 경외함으로 그분의 계명을 지키는 삶을 살라는 것입니다. 이 말씀이 가진 의미를 생각해 보면, 다음과 같은 결론에 도달할 수 있습니다.

창조주 하나님을 기억한다는 것은 그분이 창조하신 이 세계를 하나님의 선물로 누린다는 뜻입니다. 우리는 이 세계의 창조자가 아니며, 이 세계는 창조주 하나님이 우리에게 주신 선물이라는 사실을 기억한다는 뜻입니다. 이것을 기억하고, 하나님이 창조하신 이 세계를 누리며 사는 것이 바로 지혜입니다. 창조주께서 주신 세계를 지금 여기에서 느끼고, 음미하며 즐겁게 사는 것! 그것이야말로 창조주 하나님에 대한 예배입니다.

그래서 나는, 행복하게 살기로 했다

심판의 날이 오기 전에, 노화가 진행되어 삶을 더 이상 누릴 수 없게 되기 전에 인생을 충만하게 경험하십시오. 눈이 침침해지기 전에 떠오르는 태양을 향해 경탄하고, 사랑하는 사람의 눈동자에 건배를 올리고, 돋보기를 쓰지 않아도 되는 때에 도서관에 꽂힌 수천 권의 책을 꺼내 오래된 책 향기를 맡고, 밤새워 읽어도 봅시다.

미각이 사라지기 전에 아침의 신선한 우유를 깨끗한 유리잔에 부어 마시고, 달걀 프라이 하나라도 정갈한 접시에 담고, 과일은 예쁘게 깎아 아끼는 접시 위에 플레이팅 하는 겁니다. 믹스 커피 한 잔이라도 예쁜 잔에 담아 꽃무늬 잔 받침에 올리고 향기를 음미하며 창조주 하나님을 기억하는 것, 그것이 바로 예배입니다(물론 이것이 함께 모여 드리는 예배를 대체할 수는 없습니다). 기왕이면, 늘 먹던 것만 찾지 말고 한 번도 먹어 보지 못한 새로운 요리도 시도해 봅시다. 맛있는 요리를 먹을 때면, 이렇게 맛있는 세상을 우리에게 주신 창조주 하나님을 기억합시다.

귀가 더 어두워지기 전에 세상의 아름답고 멋진 음악들을 찾아서 즐겨 봅시다. 낙엽 밟는 소리도 들어보고, 계곡의 물소리와 새들의 노랫소리도 즐겨 봅시다. 고양이 발자국 소리를 들어보신 적 있나요? 눈이 오는 소리는 또 어떻던가요?

하나님의 심판이 있다는 것을 기억한다는 것은 창조주 안에서 우리가 걸어가야 할 길을 발견하는 것입니다. 그것은 그분의 계명을 알고, 그 계명을 지키는 삶을 사는 것입니다. 하나님은 우리 삶을 심판하실 것입니다. 그러므로 우리는 심판의 날이 오기 전에 우리에게 주신 소명을 충실하게 살아내야 합니다. 솔로몬처럼 돈과 권력, 쾌락과 같은 헛되고 헛된 것들을 추구하다가 인생을 낭비하지 말고, 주님이 주신 계명을 지키며 하나님이 주신 길을 걷는 것입니다. 우리가 걸어 온 길에 대한 보상이 있든 그렇지 않든, 열매를 맺든 맺지 못하든, 사람들의 인정을 받든 받지 못하든 주님의 말씀을 따라 올바른 삶을 사는 것입니다.

그것이 창조주 앞에서 우리 자신의 정체성을 발견하며 살아간다는 뜻입니다. 「존재의 이유」에서 엘륄은 말합니다.

> "인간을 존재하게 하는 것은, 인간에게 진리와 실재를 부여하는 것은, 돌연히 인간을 창조하는 것은 인간과 하나님의 관계다. 그것이 인간의 전부다. 인간에게서 헛된 것이 다 떠나고 나면, 다른 아무것도 남아 있지 않게 된다."

하나님이 내 안에 만드신 것들만이, 원래 하나님의 소유였던 것만이 주님에게로 돌아가 영원히 존재할 것입니다.

우리 육체는 흙으로 돌아갈 것입니다. 인기도, 명예도, 돈도, 업적도, 지식도, 지혜도, 건물도 마찬가지입니다. 우리는 미래를 알수 없고, 우리가 행한 모든 수고는 헛될 뿐이며, 해 아래 세상은 항상 불의하고 부패할 것입니다. 이 사실을 알면, 우리는 이 세상에 기대지 않은 채, 하나님의 심판을 기억하고 하나님의 뜻을 행할 수 있습니다. 지금 여기에서 하나님의 뜻을 알고 행하는 삶을 살아갈

그래서 나는, 행복하게 살기로 했다

수 있습니다. 오직 하나님만이 우리가 하나님을 위해 정의롭게 사랑으로 살아냈다는 것을 인정하시고, 보상하실 것이기 때문입니다.

## 주님의 계명을 지키는 삶의 기쁨을 누리라

하나님을 경외하고, 그분의 계명을 지키라(12:9-14)고 전도자는 권면합니다. 하나님의 계명은 "하나님을 사랑하고, 이웃을 사랑하는 것"으로 요약될 수 있습니다. 앞의 책에서 엘륄은 주님의 계명을 따르는 사람은 바른 지각을 가지게 된다고 말합니다. "계명들에 기반을 둘 때, 너는 자유롭고 현명하게 될 수 있다. 너는 어리석지 않게 되고, 헛된 질문들을 삼가게 된다." 주님의 계명을 따라 우리의 형제와 자매들을 사랑할 때 우리는 올바른 분별력을 가지고 해 아래 세상에 지배당하지 않고 살아갈 수 있습니다.

성경은 우리가 바르게 살 때 바른 지각을 가질 수 있다고 말합니다. 사랑이 무엇인지 알아야 사랑할 수 있는 것이 아닙니다. 용서할 조건이 마련되어야 용서할 수 있는 것도 아닙니다. 타자를 위한 자기희생이라는 것은 글로 배울 수 없습니다. 그렇습니다. 우리는 삶으로 알게 되는 존재입니다. 사랑은 사랑의 정의를 알 때 할 수 있는 것이 아닙니다. 사랑은 사랑으로 배울 수 있습니다. 누군가를 용서하는 것도, 정의를 행하는 것도 모두 살아 보아야만 알 수 있습니다. 우리는 주님의 계명에 순종함으로 진리가 무엇인지 알게 되는 피조물입니다. 바르게 살아야 바른 지각을 가질 수 있습니다.

그분의 계명을 지키는 사람, 즉 주님이 우리를 사랑하신 것처럼 사랑하는 삶을 사는 사람들에게 주어지는 선물이 바로 기쁨입니다.

> 아버지께서 나를 사랑하신 것처럼 나도 너희를 사랑하였으니 내 사랑 안에서 살아라. 내가 아버지의 계명을 지키고 그분의 사랑 안에 있는 것과 같이 너희도 내 계명을 지키면 내 사랑 안에서 살게 될 것이다. *내가 이 말을 너희에게 한 것은 내 기쁨이 너희 안에 있게 하고 너희 기쁨이 넘치게 하기 위해서이다.* 내가 너희를 사랑한 것처럼 너희도 서로 사랑하여라. 이것이 내 계명이다 (요 15:9-12, 현대인의성경, 이탤릭은 저자).

주님이 창조하시는 새로운 세계인 메시아의 나라에서는 해 아래 세상의 진부함을 극복할 '기쁨'을 만끽할 수 있습니다. 헨리 나우웬은 우리에게 묻습니다. "진부한 기쁨"이라는 말을 들어본 적이 있느냐고 말입니다. 하나님의 백성은 해 아래의 진부한 세상에 기쁨을 창조하는 새로운 공동체를 사는 사람들입니다. 우리의 기쁨은 하늘에서 오신 그리스도의 사랑에서 뿜어져 나오는 것입니다. 하나님 백성의 기쁨은 하늘의 새로운 질서로 세워지는 사랑의 새로운 질서에서 창조됩니다.

전도자는 해 아래 세상에서 "먹고 마시고 즐거워하라"고 명령했습니다. 이 명령은 진부한 일상에서 '축제'와도 같은 삶을 창조해 내

그래서 나는, 행복하게 살기로 했다

라는 말씀입니다. 하나님 백성의 공동체인 교회는 함께 먹고 마시고 기뻐하는 축제의 공동체입니다. 이 진부한 세상에서 우리가 함께 해야 할 유일한 일은 '함께 먹고 마시고 즐거워하는 축제의 공동체'를 이루는 것입니다. 이 새로운 공동체와 함께 진부한 삶을 축제로 바꾸는 일입니다.

우리 함께 잘 놀아 봅시다. 주님이 창조하신 거대한 놀이터에서, 가난한 사람들과 우는 사람들, 일하고 먹고 사느라 놀 줄 모르는 사람들, 진부한 세상을 견딜 수 없어 섹스와 돈과 권력에 중독된 사람들을 초대해 잔치를 벌입시다. 함께 잘 놀다 갑시다. 이 아름답고도 허무한 세상에서 말입니다.

# 그래서 나는, 행복하게 살기로 했다

초판 발행    2023년 6월 15일
지은이       김유복
발행인       손창남
발행처       (주)죠이북스(등록 2022. 12. 27. 제2022-000070호.)
주소         02576 서울시 동대문구 왕산로19바길 33, 1층
전화         (02) 925-0451 (대표 전화)
             (02) 929-3655 (영업팀)
팩스         (02) 923-3016
인쇄소       송현문화
판권소유      ⓒ죠이북스
ISBN        979-11-982861-5-4  03230